Contribution aux Travaux soumis à la Commission Parlementaire de 1900

SUR LES AFFAIRES ALGÉRIENNES

Le Budget Algérien

PAR

FÉLIX DE SOLLIERS

ANCIEN DÉPUTÉ

DÉLÉGUÉ FINANCIER

ALGER

IMPRIMERIE ORIENTALE P. FONTANA ET Cie, RUE D'ORLÉANS, 29

1900

Le Budget Algérien

Contribution aux Travaux soumis à la Commission Parlementaire de 1900

SUR LES AFFAIRES ALGÉRIENNES

Le Budget Algérien

PAR

FÉLIX DE SOLLIERS

ANCIEN DÉPUTÉ

DÉLÉGUÉ FINANCIER.

ALGER

IMPRIMERIE ORIENTALE P. FONTANA ET C°, RUE D'ORLÉANS, 29

1900

CHAPITRE PREMIER

Historique du Budget algérien.

L'organisation budgétaire de l'Algérie, d'après l'ordonnance du 21 août 1839 : Régime du budget séparé et restreint, sans indépendance financière. — L'organisation budgétaire de l'Algérie, d'après le projet de Sénatus-Consulte de 1869 : Régime du budget séparé et restreint, avec indépendance financière. — La combinaison Tirman : Le budget de l'Algérie annexe du budget de l'Etat. — Le budget spécial d'après les décrets du 23 août 1898 : Retour au régime du projet de Sénatus-Consulte de 1869.

L'idée de doter la Colonie d'un budget particulier, distinct de celui de la Métropole, n'est pas nouvelle. On la trouve déjà réalisée dans l'ordonnance du 21 août 1839.

Ce document législatif divise en deux catégories les produits et revenus de l'Algérie : 1° ceux de l'État ; 2° ceux de la Colonie, et il scinde les dépenses en deux catégories correspondantes : celles du Trésor, et celles de la Colonie formant fonds commun sans distinction d'origine.

C'était là une simple séparation budgétaire n'impliquant aucune indépendance financière, impossible même à concevoir à une époque où l'Algérie était presque dépourvue d'Européens ; aussi, bien que la Colonie fut cependant considérée comme une personne morale, n'avait-elle aucune représentation élective, les agents du Gouvernement central s'employant à la gestion du patrimoine de la Colonie comme à celle du patrimoine de l'État.

L'ordonnance de 1839 ne resta pas longtemps en vigueur et elle fut bientôt remplacée par une autre ordonnance, du

24 janvier 1845, qui supprima le budget de la Colonie pour le fondre dans celui de l'État.

Le maréchal Randon, en 1854, et le maréchal Pélissier, en 1863, voulurent revenir au système de l'ordonnance de 1839, mais ni l'un ni l'autre n'eurent le temps de faire accepter leurs projets.

***

En 1869, le Sénat impérial qui, en vertu de l'article 27 de la Constitution de 1852, exerçait le pouvoir constituant vis-à-vis des Colonies et de l'Algérie, comme vis-à-vis de la Métropole et qui en avait usé pour nos vieilles Colonies telles que la Martinique, la Guadeloupe et la Réunion dans les Sénatus-Consulte de 1854 et de 1866, conçut le projet de donner une constitution à l'Algérie, constitution dans laquelle le régime financier devait naturellement trouver sa place.

La Colonie avait beaucoup progressé depuis 1839; les centres s'étaient propagés dans l'intérieur, les villes s'étaient développées sur le littoral, et une population européenne déjà suffisamment dense y avait pris racine. Il fallait faire sa part à cette population européenne, aussi dans son projet de Sénatus-Consulte, le Sénat prévoyait-il une indépendance financière reconnue à la Colonie qui venait accompagner la séparation budgétaire.

Comme dans l'ordonnance de 1839, il devait y avoir deux budgets, celui de l'État et celui de la Colonie, possédant chacun leurs revenus, supportant chacun leurs charges, l'une de souveraineté, comme on disait alors, l'autre d'administration, la Colonie était érigée en personne morale. mais en plus en 1869, et c'était là la grande innovation. le budget local, préparé par le Gouverneur qui devenait un ministre, devait être voté par des représentants élus, composant, retenons bien ceci, un Conseil supérieur *dont on éliminait complètement l'élément fonctionnaire.*

***

Le projet de 1869 fut malheureusement abandonné, le Gouvernement impérial, à la suite de l'interpellation Lebon, dont les vieux algériens n'ont pas oublié le retentissement, ayant pris l'engagement de soumettre l'Algérie « au *droit commun* ».

Le droit commun en matière budgétaire c'était le contraire de la séparation budgétaire et de l'indépendance financière, c'était l'assimilation des trois départements algériens aux autres départements de la Métropole, avec la faculté pour eux, on le pensait du moins, tout en contribuant aux dépenses communes dans la mesure de leurs moyens, de puiser dans les ressources communes en proportion de leurs besoins.

Mais un tel système d'assimilation ne pouvait être avantageux que dans les années d'abondance budgétaire, car il était aisé de prévoir que dans les années de disette où l'on songe avant tout à opérer des réductions, c'est sur les services algériens que les Commissions du budget, qui représentaient plus spécialement les départements métropolitains, feraient d'abord porter les économies.

Aussi, tant que le Parlement, en quelque sorte grisé par les plus-values successives et considérables de ses budgets, dépensa sans compter, l'Algérie eut sa part dans ses largesses ; en 1883, on songeait même à lui avancer 50 millions pour terminer l'œuvre de la colonisation et pareille dotation lui eut certainement été acquise, demandée qu'elle était par le Gouvernement d'alors, si une effroyable campagne n'eût été menée contre elle par une société qui fit quelque bruit à cette époque, par la *Société protectrice des indigènes.*

Mais lorsque les plus-values budgétaires devinrent incertaines et même diminuèrent, lorsque les vaches maigres succédèrent aux vaches grasses et qu'il fallut se restreindre, ses crédits furent les premiers à être diminués, et l'Algérie de plus en plus confinée dans l'allocation de subsides qui loin d'égaler seulement les recettes qu'elles produisaient, avait une tendance de plus en plus marquée à rester au-dessous, se trouva souffrir de tous les désavantages des Colonies qui ne touchent pas aux recettes de l'Etat, sans bénéficier de leurs prérogatives, consistant à se réserver et à s'appliquer tout le montant des revenus locaux.

En définitive, vers 1891, M. Tirman, gouverneur général, faisait cette pénible constatation que tandis que de 1881 à 1891, les recettes de l'Algérie s'étaient accrues de 10 millions, les crédits que lui allouait la Métropole avaient de 1884 à 1891 baissé de plus de 3 millions.

Aussi, convaincu que l'Algérie aurait en somme plus d'avantages à une séparation budgétaire qui l'autorisât à consacrer tous ses revenus à son développement, imagina-t-il, faisant un retour vers l'ordonnance de 1839, de soumettre à l'approbation du Gouvernement métropolitain un nouveau projet du budget de l'Algérie, distinct, au moins en fait, de celui de la Métropole.

Il partait de cette donnée qu'en 1891 les recettes perçues atteignaient 40,425,000 francs et les dépenses 38,445,000 fr. seulement et qu'il y avait là dans un boni de 1,970,000 francs — ressortant encore à près de 699,000 même en tenant compte de certaines dépenses nouvelles à inscrire au budget algérien qui jusque là avaient été ajournées — une base assez solide pour asseoir un budget local.

Cependant, comme il sentait bien qu'il avait déployé quelque artifice dans la façon d'établir ses comptes, et que si les recettes étaient à peu près estimées à leur juste valeur, il n'en était pas de même des dépenses purement civiles dont on avait arbitrairement déduit les annuités des emprunts à contracter pour la création de l'outillage économique de l'Algérie qu'on laissait à la charge de la Métropole, et dont celle-ci devait faire les avances, M. Tirman, pour qu'elle pût s'en récupérer, proposait de partager les plus-values de recettes entre l'État et la Colonie, au-dessus de

50 millions, chiffre jugé nécessaire à la marche normale des services algériens.

Cette clause de partage était assez analogue à celle dite du *déversoir* qui avait été stipulée en matière de chemin de fer dans les conventions de 1859 et de 1869 au profit de l'État, dans l'hypothèse où il ferait des avances aux compagnies, afin qu'elles pussent donner un certain dividende à leurs actionnaires et un certain intérêt à leurs obligataires.

Voilà quel était en gros le mécanisme de la combinaison Tirman, que l'on connaîtra à peu près tout entière, si nous ajoutons que très différente du système de l'ordonnance de 1839 et du projet de Sénatus Consulte de 1869, elle ne supposait pas un budget autonome, les dépenses et les recettes de l'Algérie n'étant pas dégagées du budget de l'État dont elles formaient une sorte d'annexe, votée par le Parlement métropolitain en dehors de la participation des intéressés directs.

M. Tirman, pour assurer le succès de sa combinaison, en n'éveillant point les susceptibilités de la Métropole, avait donné à sa combinaison la plus modeste allure.

Mais les précautions qu'il avait prises demeurèrent vaines, et il fut complètement battu sur le terrain qu'il avait lui-même soigneusement préparé.

A la Chambre et au Sénat, on fit remarquer, — et c'est de ce côté que portèrent les critiques de M. Burdeau et de M. le Sénateur Boulanger, — que cette création au sein d'un budget de l'État d'un compte en dehors, en faveur de l'Algérie, était absolument contraire au principe de l'*universalité budgétaire* dont tous les Parlements qui se sont succédé en France ont obstinément poursuivi la réalisation.

Puisque l'Algérie était assimilée à la France, et formait trois nouveaux départements, pourquoi ouvrir à ces départements un compte spécial que les autres départements ne connaissaient pas ?

« Nous avons, s'écriait M. le Sénateur Boulanger, lutté pendant un demi-siècle pour conquérir l'unité budgétaire, tous les ministres des finances s'y sont appliqué; chaque année, on cherche à rendre cette unité à peu près complète. Avec l'unité budgétaire, nous avons conquis l'ordre et le contrôle des finances. Moins que jamais aujourd'hui, il faut laisser se dissoudre ce faisceau de garanties. » — (Sénat, 2 mars 1891).

Le projet du budget spécial de M. Tirman ne survécut pas à ces attaques.

Il n'est pas interdit de penser, quelque répugnance que l'on éprouve à paraître attaquer la mémoire d'un administrateur aussi distingué que le fut notre ancien gouverneur, que c'est M. Tirman lui-même qui fut en partie la cause de l'échec absolument complet de sa combinaison. Sa thèse équivoque d'un budget distinct, dans le fond, du budget de l'État, mais confondu dans la forme, prêtait merveilleusement le flanc aux critiques, sous l'effort desquelles il a succombé.

Il n'était pas possible de faire fléchir dans un but algérien qui, pour la Métropole, était nécessairement secondaire, la rigueur du principe d'ordre et de clarté auquel faisait allusion M. Boulanger.

M. Tirman eut été sans doute moins malheureux si, plus confiant dans la bonté de sa cause que dans l'habileté de sa procédure, il avait hardiment réclamé pour l'Algérie cette indépendance financière que plus de 20 ans auparavant les sénateurs de l'Empire avaient spontanément reconnue indispensable. Il est possible qu'il eût rencontré presque autant d'adversaires, mais il est certain qu'il eût bénéficié du concours de partisans sincères que sa timidité ne pouvait pas recueillir.

Toutefois, on doit reconnaître que la combinaison Tirman ne fut pas sans utilité, elle prépara l'avenir; M. Burdeau, qui la repoussait, fut, en somme, contraint de reconnaître la légitimité des griefs qui lui avaient donné naissance.

Dans son rapport du budget de l'Algérie, exercice 1891, il trouvait, quant à lui, excessif, répétant en cela les paroles de M. de Freycinet, que l'excédent du budget d'une Colonie doit être employé à des dépenses productives pour la Colonie elle-même (Chambre des Députés, 24 décembre 1885), que l'on n'eût admis aucune corrélation entre l'augmentation des recettes et la dotation des services algériens, et il conseillait au Parlement d'avoir pour politique que les services locaux profitassent des plus-values locales.

C'était en somme justifier d'avance, sinon la présentation de la combinaison Tirman qui péchait trop par la forme, du moins celle d'une combinaison analogue ayant précisément pour objet de faire disparaître cette criante anomalie d'un pays dont les crédits diminuaient, alors que ses recettes augmentaient.

Malheureusement M. Burdeau, entraîné par d'autres préoccupations et bientôt fauché par la mort, n'eût pas le temps de présider à la réalisation de sa politique.

De 1893 à 1897, c'est-à-dire après comme avant la présentation de la combinaison Tirman, les choses restèrent en l'état antérieur, les crédits algériens suivaient une voie décroissante, au moment même où les recettes algériennes suivaient une voie ascendante. Les crédits descendaient de 50,062,000 francs à 49,008,000 francs, en diminution de 940,000 francs, alors que les recettes montaient de 46,751,000 francs à 52,597,000 francs, en augmentation de 5,846,000 francs.

***

On s'explique de reste que, soumise à un pareil régime d'abstinence, l'Algérie n'ait pas pris le développement auquel elle avait droit et que par exemple ses chemins de fer soient restés depuis quatre ou cinq années au chiffre stationnaire de 3,000 kilomètres, alors qu'ils auraient dû, d'après l'avis des hommes les plus compétents, s'élever à 5,000 kilomètres au moins.

Cette situation, si déplorable qu'elle fut, ne s'en serait pas moins éternisée, tant il est difficile de mettre le Parlement en mouvement, surtout quand il s'agit d'augmenter la dotation de l'Algérie, si la fièvre antijuive qui a agité si fortement ce pays dans ces dernières années n'avait donné à la Métropole cette intuition qu'il fallait, à tout prix, calmer et pacifier les esprits par une heureuse diversion.

C'est assurément ce qui nous a valu cette promesse de réforme budgétaire qui est contenue dans les décrets du 23 août 1898, que l'honorable M. Laferrière nous a apportés ici comme un don de joyeux avènement.

Ces décrets du 23 août 1898 en reviennent, en laissant absolument de côté la combinaison Tirman, à la thèse du projet de Sénatus-Consulte de 1869.

Le Président du Conseil, M. Henri Brisson, qui soumit ces décrets à la signature du Président de la République, réalisant l'idée de séparation budgétaire conçue dès 1839 et d'indépendance financière proclamée en 1869, autant que la compétence reconnue à l'exécutif le lui permettait, créait une Assemblée nouvelle, appelée les *Délégations Financières*, composée de 69 membres dont 48 français, 15 arabes et 6 kabyles, qui venait s'ajouter au *Conseil Supérieur* réorganisé à nouveau et composé de 60 membres soit 31 membres élus (dont 16 par les Délégations Financières, 15 par les Conseils généraux) et 29 membres fonctionnaires.

Cette institution originale des Délégations Financières et qui fait honneur à son inspirateur, M. Laferrière, inaugure en Algérie une base nouvelle de représentation, la représentation des intérêts. Elle présente cette particularité curieuse de comporter quatre groupes différents, correspondant chacun à une classe particulière de contribuables : les contribuables colons, non colons, arabes, kabyles.

Chacun de ces groupes délibère en principe séparément sur les sujets concernant ses intérêts exclusifs, cependant l'Administration peut les convoquer exceptionnellement en réunion plénière, quand les délibérations ont pour objet une question d'intérêt général.

On ne peut s'empêcher d'établir une comparaison, *si parva licet componere magnis*, entre les Délégations Financières issues du suffrage universel et le Conseil Supérieur, en grande partie recruté parmi des fonctionnaires nommés par le Gouvernement d'un côté et la Chambre des Députés et le Sénat métropolitain de l'autre.

Dans cette dualité locale, on trouve déjà comme l'embryon d'un Parlement colonial.

M. Henri Brisson, président du Conseil, dans le préambule des décrets du 23 août 1898, fait observer que les Délégations Financières et le Conseil Supérieur, composés comme ils le sont, et pourvus provisoirement d'attributions consultatives en matière d'impôts, n'attendent que la décision du législateur pour voter un budget autonome, qu'il désirerait voir établir sur les bases des Sénatus-Consulte de 1854, 1866 et du projet de Sénatus-Consulte de 1869.

« De bons esprits ont pensé, écrit-il, qu'en dehors du budget de souveraineté, il pourrait y avoir place en Algérie pour un budget spécial analogue aux budgets coloniaux, s'alimentant au moyen de ressources dont la Métropole abandonnerait la disposition à notre France algérienne.

« Peut-être pourrait-on lui confier aussi une personnalité civile et financière, lui permettant d'avoir un patrimoine et de faire appel au crédit, en vue d'exécuter de grands travaux d'intérêt public.....

« Je dois faire remarquer que l'organisation (du Conseil Supérieur et des Délégations Financières) a été conçue de telle sorte qu'ils pourraient exerçer, sans que leur composition fut modifiée, les attributions nouvelles dont le pouvoir législatif consentirait à les doter.

« Je me hâte de le dire, la réalisation de cette idée ne pourrait résulter que de décisions législatives : en effet, le budget de l'Algérie étant voté tout entier par les Chambres, elles seules pourraient déléguer aux autorités algériennes la part de pouvoirs nécessaires ; elles seules pourraient aussi établir la ligne de démarcation entre un budget spécial et le budget de souveraineté. »

C'est sur ces dernières bases que les Délégations Financières et le Conseil Supérieur ont été appelés, dans les sessions de 1898 et 1899, à donner leur avis sur la création d'un budget algérien.

CHAPITRE II

Le Budget algérien au point de vue financier.

Le budget restreint et *spécial* prévu par les décrets du 23 août 1898, a été écarté par la majorité française des Délégations Financières, réunies en séance plénière. — Un projet de résolution a été voté par les Chambres des Députés, favorable à un budget complet, au budget *intégral*, adopté en principe par la dite majorité. — Constitution du budget intégral d'après le projet de loi que le Gouvernement va incessamment déposer ; répartition des attributions financières entre le Gouverneur, les Délégations et le Conseil Supérieur. — Critique de ces dispositions. — Distinction des dépenses en obligatoires et facultatives. — Composition du budget intégral; Son équilibre. — Subvention éventuelle de la Métropole. — Garantie en cas d'emprunts. — Création d'un fonds de réserve. — Question du domaine. — Règlement et homologation du budget. — Compléments à apporter aux décrets du 23 août 1898 : Création, dans le corps électoral financier de trois classes de contribuables européens. — Delibération en principe des Délégations en séance plénière. — Exclusion du Conseil Supérieur des membres élus par les Délégations et les Conseils généraux ; nomination des membres non fonctionnaires réservée au Gouverneur général. — Création d'une Commission coloniale suppléant les Délégations pendant les intersessions.

On comprend que chacune des formes financières que nous avons relevées dans notre rapide historique de l'évolution du budget algérien depuis 1839 — à part la combinaison Tirman qui manquait, on doit le dire, de franchise et par ce motif n'inspirait pas confiance — avait sa raison d'être et son bon côté.

Le système de l'ordonnance de 1839, par exemple, étant donné l'époque, avait bien son mérite.

On se proposait d'établir une certaine fixité en matière budgétaire, ce qui était de nature à favoriser le développement de la Colonie qui pouvait compter sur des crédits réguliers sans cesse grandissants, suivant le mouvement ascensionnel de la prospérité du pays, à peu près soustraits aux diminutions toujours possibles de ces impitoyables mégères armées de grands ciseaux que l'on appelle les Commissions du budget.

On ne pouvait d'ailleurs faire grief à ce système de ne pas instituer d'indépendance financière, puisque la population européenne qui seule pouvait comporter l'établissement d'un régime représentatif indispensable pour personnifier cette indépendance, n'existait qu'à l'état embryonnaire, jetée çà et là sur quatre ou cinq points du littoral.

Le système du projet de Sénatus-Consulte de 1869 n'était pas non plus sans valeur en ne l'isolant pas, bien entendu, de son milieu.

En présence des récriminations ardentes qu'avaient soulevées les théories du royaume arabe et l'édiction du Sénatus-Consulte de 1863, reconnaissant aux tribus la propriété du sol qu'elles détenaient, théories qui avaient allumé de violentes hostilités contre le régime impérial dont l'écho se répercutait jusque sur les bords de la Seine, on voulut donner satisfaction aux Algériens et créer sur place une opinion publique, qui au lieu de consumer l'activité commune en critiques stériles, la tournait fructueusement vers le développement matériel du pays.

D'autre part, la situation locale ne permettait pas de réaliser complètement la séparation budgétaire, les revenus de la Colonie étant notoirement insuffisants pour couvrir les dépenses.

M. Leroy-Beaulieu, dans son livre sur l'*Algérie* et la *Tunisie*, a relevé, qu'à cette époque, le total général des recettes s'est élevé à 15,173,779 francs et le total général des dépenses ordinaires et extraordinaires à 37,279,146 francs, soit une différence de 22,105,367 francs pour les dépenses. C'était bien assez qu'on instituât un budget restreint, que l'on donnât en charge aux Algériens les dépenses courantes d'administration en leur accordant une part correspondante de sources de revenus avec lesquels ils pussent les acquitter. Encore ce partage avait-il dû être fait avec beaucoup de bienveillance.

Pour arriver à équilibrer le budget de la Colonie, la Métropole avait été obligée d'en distraire, pour les prendre à son compte la plus grosse partie, les 3/5 de l'annuité du prêt de 100 millions que devait avancer la Compagnie Algérienne, pour les travaux publics, et d'abandonner la meilleure part des recettes, à tel point que le budget du Trésor demeurait en déficit de 1 million.

Cette manière indulgente de compter ne choquait pas les idées du jour, les Colonies en vertu des Sénatus-Consulte de 1854 et de 1866, ne supportant qu'une partie de leurs dépenses correspondant aux charges d'administration et le Gouvernement central acquittant lui-même toutes les dépenses dites de gouvernement et de souveraineté, justice, cultes, etc...

Mais ni l'un ni l'autre de ces deux systèmes, si bien adaptés aux nécessités de leur époque et aux conceptions financières du passé, ne pouvaient être complètement utilisables en 1900, alors que ces divers éléments s'étaient nécessairement modifiés.

Aussi était-ce une véritable faute que de vouloir s'inspirer pour réaliser un budget algérien moderne, de la forme budgétaire toute contingente qui avait prévalu en 1869, et c'est ce que ne paraissent pas avoir suffisamment compris les auteurs et les inspirateurs des décrets du 23 août 1898 qui en traçant l'esquisse d'un budget spécial à peu près analogue à celui qui avait été imaginé par la Commission sénatoriale, ont été beaucoup moins heureux que dans la création des Délégations Financières elles-mêmes.

Sans doute on pouvait emprunter au régime de 1839 son système de séparation budgétaire et à celui de 1869 sa conception d'indépendance financière, parce que ces idées sont de tous les temps. Tant que la nature de l'homme et celle des collectivités faites à son image n'aura pas changé, il y aura avantage à les exonérer d'une tutelle qui étouffe leur esprit d'initiative et à les obliger à assumer la liberté et aussi la responsabilité de leurs actes.

Mais les emprunts à faire au passé ne pouvaient aller au delà.

Notamment la structure du budget de 1869 avec ses deux compartiments ne devait pas être reproduite dans le budget algérien de 1900.

Les populations s'étaient développées, les besoins avaient grandi, l'aide de la Métropole menaçait de disparaître, au moment où il devenait le plus nécessaire, il fallait donc trouver une forme de budget plus ample, afin de pouvoir faire face non seulement à des dépenses courantes, mais encore à des dépenses extraordinaires, à de gros emprunts pour tout dire, nécessités par la création de plus en plus urgente de l'outillage économique de l'Algérie, d'autant plus que toutes ces dépenses, en 1900, l'Algérie pouvait les couvrir.

On pouvait d'autant moins reproduire, dans la nouvelle forme à donner au budget algérien, la structure divisée du budget de 1869, que les rapports financiers entre Colonie et Métropole se comprennent différemment qu'autrefois. Les Sénatus-Consulte de 1854 et de 1866 sont depuis longtemps battus en brèche, la tendance est à appliquer cette formule : qui profite des dépenses, doit les payer, aussi l'incorporation de toutes les dépenses civiles dans les budgets locaux, sans qu'on s'occupe désormais de l'ancienne distinction entre les dépenses d'administration et celles de souveraineté qui, depuis longtemps, flottait pour ainsi dire en l'air, a été réalisée dans la loi de finances de 1900. Le moment n'était donc pas opportunément choisi de demander l'extension à l'Algérie de dispositions caduques qui allaient disparaître de l'organisation financière coloniale.

A un autre point de vue, la distinction proposée par les auteurs et les inspirateurs des décrets du 23 août 1898 en deux budgets, était bien critiquable quant à l'exercice du contrôle financier soit à Alger, soit à Paris.

Un contrôle limité est un contrôle mutilé ; quand les vues d'ensemble manquent, les idées risquent fort de devenir fausses.

Comment les Assemblées locales eussent-elles pu exercer leur contrôle quand elles ne pouvaient inspecter les agissements que de la moitié des services et quelquefois même de la moitié d'un service, et ne connaître par exemple que de l'allocation des crédits afférents aux travaux publics sans avoir à s'occuper du traitement du personnel de ces travaux ? Comment le Parlement aurait-il pu exercer efficacement le sien, si les députés avaient dû perdre une partie de leur temps à rapprocher du budget des dépenses voté à Alger toutes les autres dépenses éparpillées dans les budgets de divers ministères métropolitains ?

Enfin, avec cette distinction proposée, on créait un état d'hostilité permanent entre la Colonie et la Métropole.

En effet, le projet de budget spécial de MM. Brisson et Laferrière, inférieur en cela au projet de 1869 dont il s'était inspiré pourtant d'une façon générale, s'il prévoyait un budget de dépenses pour l'Algérie, ne prévoyait pas en réalité de budget de recettes. L'Etat abandonnait à forfait la moitié des revenus de toute nature perçus en Algérie en 1899, soit 27 millions avec partage des excédents futurs qui, cependant, devaient provisoirement, pendant une période de 10 ans, être attribués exclusivement à la Colonie. C'étaient là autant de subventions et de subventions énormes dont la quotité discutée chaque année — car le Gouvernement ne peut pas ainsi déléguer les revenus de l'État pour l'avenir — eût donné matière à d'interminables récriminations, sans compter que l'Algérie dépourvue du droit d'établir des impôts, puisque les recettes étaient des recettes d'État, et appelée à donner seulement un avis à leur sujet, n'eut pas en réalité joui des bienfaits de l'autonomie financière.

Un de nos distingués collègues des Délégations Financières, M. Aymes, avait bien essayé, il est vrai, de masquer ce dernier vice en proposant un système de budget spécial dans lequel à une portion des dépenses à la charge de la Colonie correspondait une partie, la plus grande, des impôts locaux.

Mais sans vouloir relever ici les défectuosités particulières à ce système qui sacrifiait par trop les intérêts de l'État, ne laissant à son budget que 13 millions de recettes pour acquitter 18 millions de dépenses, les autres vices résultant de la division du budget algérien n'en subsistaient pas moins, et elles étaient largement suffisantes pour le condamner.

Ces objections et quelques autres ont été longuement développées par nous dans nos deux rapports sur le budget algérien dont la 2e Délégation Financière a bien voulu nous confier la rédaction en 1898 et 1899, et c'est notre manière de voir, demandant à ce qu'on substituât un budget unique, complet, un budget *intégral,* au projet de budget *spécial* et divisé qui, soutenue également, de façon brillante, par l'honorable président de la 2e Délégation, M. Vinci, et par notre collègue M. Casanova, a été adoptée cette année par la majorité française des Délégations Financières, siégeant en réunion plénière.

C'est elle, qui reprise par MM. Etienne, Thomson, Lemoigne, Barthou et quelques-uns de leurs collègues, a été adoptée par la Chambre des députés, dans la séance du 19 mars 1900, qui a voté le projet de résolution suivant accepté par le Gouvernement :

« La Chambre invite le Gouvernement à déposer un projet de loi organisant le budget intégral de l'Algérie à partir de l'exercice 1901. »

En conformité de cette invitation, le Gouvernement vient d'élaborer un projet de loi qui, si nos renseignements sont exacts, sera déposé au mois de juin sur le bureau des Chambres.

***

Maintenant ce sont les dispositions de ce projet que nous voudrions examiner sommairement. Cela nous est d'autant plus aisé que les dispositions en sont généralement connues par les diverses déclarations qui ont été faites depuis six mois par le Gouvernement et par l'analyse assez étendue qui a été récemment communiquée à la presse.

Le législateur avait principalement à régler trois points :

Les attributions financières respectives des autorités algériennes : Gouverneur, Délégations Financières et Conseil Supérieur ; la composition du budget algérien ; enfin certaines questions accessoires : distinction des dépenses en obligatoires et facultatives ; possibilité d'une subvention ; garantie de la Métropole en cas d'emprunt ; création d'un fond de réserve ; domaine ; règlement du budget ou homologation du Parlement.

Ces questions n'étaient pas, bien entendu, les seules à examiner, il y en a encore quelques autres que l'on pourrait y joindre, mais elles sont étrangères au projet de loi proprement dit et constituent des modifications ou des compléments à apporter aux décrets du 23 août 1898, qui ne sont plus au niveau de l'organisation budgétaire projetée.

Nous en parlerons quand le moment sera revenu.

Disons cependant de suite qu'elles ont trait à une nouvelle composition du Conseil Supérieur, à la création d'un troisième groupe de contribuables européens dans le corps électoral des Délégations Financières, et enfin à la création d'une Commission coloniale.

Mais revenons au projet de loi qui seul doit actuellement retenir notre attention.

Le premier point qu'il avait à régler consistait dans la délimitation des attributions financières à répartir entre les trois facteurs de l'organisation budgétaire : le Gouverneur, les Délégations Financières et le Conseil Supérieur.

Pour les Assemblées locales, au lieu de prévoir deux Assemblées pourvues d'attributions identiques, comme le Parlement en présentait l'image avec sa division en Chambre des Députés et Sénat, on a institué deux corps pourvus d'attributions différentes et il a paru suffisant pour que la supériorité de l'un n'existât pas au détriment de celle de l'autre et qu'ils fussent tous deux égaux en autorité, que ces attributions fussent équivalentes.

On a, dans un pareil système, donné aux Délégations Financières un rôle d'initiative et confié au Conseil Supérieur un rôle de pondération, intimement liés d'ailleurs, au point de ne pouvoir se concevoir l'un sans l'autre.

Quant au Gouverneur, placé au-dessus des deux Assemblées qu'il dirige, il avait une mission tout indiquée de vivant intermédiaire entre la Colonie et la Métropole.

Si maintenant, quittant les généralités dont l'exposition n'était pas cependant superflue, puisqu'en donnant une idée d'ensemble de la nouvelle organisation algérienne elles facilitent l'intelligence de ses détails, nous entrons plus avant dans notre sujet, nous constaterons, en commençant par le Gouverneur, que ce personnage joue un double rôle comme il convient à son double caractère de représentant de l'Algérie et de représentant de la France, qui découle lui-même de sa mission d'intermédiaire entre la Colonie et la Métropole.

En tant que représentant de l'Algérie, il personnifie, aux regards des tiers, la Colonie, qui a désormais une existence légale, il contracte en son nom, en son nom il este en justice sans avoir besoin d'habilitation spéciale; cependant, quand il s'agit de contrats particulièrement importants, comme les emprunts ou les concessions de lignes de chemins de fer, il ne peut agir qu'en vertu de délibérations conformes des deux Assemblées algériennes approuvées par une loi. Des obligations pécuniaires résultant d'un emprunt ou d'une concession de chemin de fer sont particulièrement dangereuses, parce qu'elles font sentir leurs effets dans l'avenir, qui se trouve ainsi engagé, encore plus que dans le présent. D'autre part, elles peuvent avoir leur répercussion sur les finances même de l'État, s'il intervient comme garant ou même s'il n'intervient pas, car son crédit moral se trouverait toujours plus ou moins atteint par les embarras financiers qu'éprouveraient les corps administratifs qu'il a sous sa dépendance, on a donc pensé qu'il n'était pas superflu de soumettre les délibérations les concernant à l'approbation du Parlement, qui personnifie l'Etat et représente d'ailleurs la totalité des contribuables.

En tant que représentant de la France, c'est le Gouverneur qui, en général, exerce la part d'administration directe que la Métropole, tout en accordant une certaine autonomie financière à l'Algérie, s'est assez copieusement réservée.

Parallèlement aux Délégations Financières, il peut proposer l'établissement d'impôts nouveaux ou des modifications aux impôts anciens ; de même, et cette fois à lui tout seul, il a l'initiative des propositions de dépenses ; seul il peut provoquer l'ouverture de crédits supplémentaires ; enfin, lorsque la part d'administration directe que s'est réservée la Métropole est exercée par d'autres que par lui, par le Chef de l'État et le Ministre de l'Intérieur pour l'homologation des délibérations relatives aux impôts, par le Parlement pour l'autorisation de contracter des emprunts ou de concéder des lignes de chemins de fer, c'est lui qui prépare pour le Gouvernement central les décisions à intervenir.

Les Délégations Financières qui, dans la dualité algérienne, forment l'élément actif comme étant l'émanation directe des contribuables, c'est-à-dire de ceux qui fournissant les subsides, ont le droit d'en faire surveiller l'emploi, jouissent d'un droit d'initiative en matière budgétaire.

D'abord c'est devant elles que le budget doit être porté, et c'est elles qui le votent en première lecture comme le ferait notre Chambre des Députés ; ce sont elles qui, par l'intermédiaire d'une Commission de finances composée de onze membres, dont quatre pris dans le groupe des contribuables colons, quatre dans celui des contribuables autres que colons et trois dans celui des contribuables indigènes, font subir, avant qu'il ne soit présenté en discussion publique, au projet de budget déposé par le Gouverneur, et de concert avec lui, les diverses modifications qu'il doit comporter.

Ce droit d'antériorité reconnu aux Délégations en matière budgétaire est particulièrement important, l'assemblée qui la première fait le budget lui donne par cela même une marque et une empreinte personnelle qu'il est bien difficile de changer beaucoup par la suite.

Ce sont elles enfin qui, concurremment avec le Gouverneur, proposent l'établissement de nouveaux impôts ou les modifications des impôts anciens, octroi de mer compris, sous la réserve de l'homologation du Président de la République en Conseil d'État.

Il n'est fait exception que pour les droits de douane qui, ainsi d'ailleurs que pour les autres Colonies, en vertu de la loi du 21 janvier 1892, sont une matière réservée à la législature métropolitaine. C'est là une conséquence du régime d'assimilation douanière qui a été inauguré en 1884, régime très rigoureux qui cadre, d'ailleurs, assez mal avec celui de l'autonomie financière.

Le Conseil Supérieur, qui représente l'élément de pondération, l'élément critiquant, vérifie quand le budget adopté en première lecture par les Délégations Financières lui a été renvoyé, s'il a été légalement dressé, si les dépenses obligatoires dont nous parlerons plus loin ont été régulièrement dotées, si les dépenses facultatives ne sont pas exagérées, même en admettant qu'elles ne laissent pas le budget en déficit, — car un budget, pour ne pas être en déficit, n'en peut pas moins devenir trop lourd pour les forces des contribuables, — mais il ne peut pas augmenter les dépenses facultatives, il exercerait ici un droit d'initiative auquel il ne peut prétendre, puisqu'il représente moins ceux qui payent que ceux qui reçoivent.

Enfin, pour le cas où de nouveaux impôts auraient été votés par les Délégations ou d'anciens modifiés par elles, il délibère à son tour à ce sujet, seulement il ne peut les amender en détail, il doit approuver ou rejeter les projets en bloc, précisément parce qu'il n'a pas un droit d'initiative et qu'on ne veut pas lui permettre de refaire le projet qui lui est transmis. On a évité au surplus ainsi un interminable circuit de discussion entre les deux assemblées algériennes.

Enfin, l'une et l'autre assemblée subissent l'empire de quelques règles communes que nous connaissons déjà.

L'intervention de l'autorité métropolitaine, que cette intervention émane du Président de la République en Conseil d'État, du Parlement ou du Ministre de l'Intérieur, est parfois nécessaire pour compléter leurs délibérations qui sans elle demeureraient imparfaites, nous avons eu l'occasion de le remarquer en mentionnant la part d'administration directe que la Métropole s'était réservée.

De même l'une et l'autre doivent voter le budget. On n'a pas voulu leur laisser la possibilité de mettre le Gouvernement en échec en lui refusant les subsides nécessaires à la marche des services. Une pareille éventualité était à peu près impossible à prévoir pour le Conseil Supérieur qui, par tempérament, sera éloigné de tout acte d'hostilité contre le Gouvernement, mais aurait pu moins malaisément se produire de la part des Délégations Financières, aussi la précaution prise par le législateur n'est-elle pas superflue; elle est au surplus de tradition courante dans les colonies.

Si donc le budget n'est pas voté lors de l'ouverture d'un exercice, c'est le budget de l'exercice précédent qui sera applicable de plein droit.

Nous venons de voir l'organisation budgétaire de l'Algérie à l'état statique, si l'on peut s'exprimer ainsi, c'est-a-dire à l'état de repos, en étudiant séparément les divers éléments qui la constituent, examinons-la maintenant à l'état dynamique, à l'état de mouvement, en combinant ses éléments essentiels suivant le jeu que le projet de loi entend leur assigner.

Le projet du budget des dépenses de l'Algérie est préparé

par le Gouverneur lui-même, en Conseil de Gouvernement, comme un ministre préparerait celui de son département, sous le simple contrôle du Ministre de l'Intérieur, son supérieur hiérarchique, qui est politiquement responsable des actes de son inférieur devant le Parlement. Ce budget comprend toutes les dépenses algériennes, sans qu'il y ait lieu de distinguer ici entre les dépenses des divers services : instruction publique, justice, cultes, douane, colonisation, travaux publics, agriculture, administration, etc.

Le projet de budget ainsi préparé est transmis au Ministre de l'Intérieur qui communique aux Ministres de certains services des services dits rattachés : justice, instruction publique, douane, etc., la partie de budget concernant leurs départements respectifs. Ces différents Ministres adressent leurs observations au Ministre de l'Intérieur qui, lui-même, s'il les admet, les retourne au Gouverneur pour qu'il en tienne compte.

En cas de désaccord à Paris, la difficulté est résolue en Conseil des Ministres.

Le projet de budget, une fois arrêté, est déposé sur le bureau de chaque groupe des Délégations Financières au cours de leur session ordinaire qui, comme pour le Conseil Supérieur, a lieu dans les 6 premiers mois de l'année.

Les quatre groupes des Délégations nomment chacun pour leur part et portion une Commission des Finances chargée de s'aboucher avec le Gouvernement pour lui présenter les observations qu'elles jugent nécessaires et aussi avec les divers groupes des Délégations qui chacune jouissent d'un droit d'amendement dans les limites fixées par la loi, c'est-à-dire tendant à réduire et non pas à augmenter les dépenses. La Commission examine les amendements qui lui sont renvoyés, statue sur eux et dépose son rapport sur le bureau des Délégations, réunies cette fois en assemblée plénière.

L'Assemblée plénière délibère le budget, mais sans pouvoir admettre d'office les amendements portés devant elle, les amendements suivant la procédure indiquée doivent être adoptés préalablement par le groupe dont fait partie l'auteur, et être renvoyés ensuite à la Commission des Finances qui statue sur eux et dépose un rapport supplémentaire.

Enfin, le budget une fois délibéré définitivement par la réunion plénière des Délégations Financières est transmis par les soins du Gouverneur au Conseil Supérieur.

Celui-ci nomme à son tour au scrutin de liste, une Commission des Finances de 9 membres, et c'est sur le rapport de cette Commission que sous les réserves et dans les conditions que nous avons énumérées ci-dessus, il vote en seconde lecture le budget algérien.

Enfin, le budget une fois voté à Alger est envoyé à Paris au Ministère de l'Intérieur où au Parlement pour être réglé ou homologué.

La nouvelle organisation financière que nous venons de décrire en nous plaçant alternativement au point de vue de sa composition abstraite et à celui de son fonctionnement comporte assurément une grande part déloges, mais elle a bien aussi ses défauts, graves parfois, et c'est sur ces deux points que nous avons présentement à nous expliquer en toute franchise.

La base sur laquelle repose cette organisation et qui consiste dans la distinction des attributions à répartir entre les deux Assemblées algériennes est excellente.

Au lieu de se borner à reproduire servilement la combinaison quelque peu antique que nous offre le Sénat et la Chambre des Députés dont les délibérations successives ne sont pas cependant sans mérite, puisqu'elles impriment un caractère de maturité aux décisions du Parlement, on a cherché autre chose et on a trouvé une combinaison plus scientifique et meilleure.

On a divisé les attributions des deux Assemblées en tenant compte de la différence de leur tempérament dérivant lui-même de la diversité de leur origine.

Le grand avantage qui a été obtenu d'abord par cet

agencement hardi dont l'habile juriste qu'est M. le Gouverneur général Laferrière a eu sans doute l'heureuse initiative, c'est qu'on a coupé dans la racine ces dangereux conflits que l'on voit si souvent éclater au Parlement et qui s'élèvent entre deux corps, dont les pouvoirs sont identiques quand leurs vues deviennent divergentes.

Dans un pays dépourvu de traditions, ignorant des nécessités transactionnelles qu'un public mal éclairé confond avec des abandons et des renonciations, les conflits eussent présenté, du moins on a paru le craindre, une fréquence inusitée et inquiétante.

La solution de ces conflits n'apparaissait pas facile. Comment en effet les résoudre ? Donner le dernier mot aux Délégations Financières, c'était subordonner l'administration aux populations et diminuer ainsi son prestige, qui ne saurait être trop grand aux yeux des étrangers et des indigènes ; l'accorder au Conseil Supérieur, c'était tomber dans un autre inconvénient, c'était mettre ce qui n'est pas un instant admissible, les contribuables et leurs représentants à la discrétion des fonctionnaires ; en appeler à l'autorité du Parlement, c'était irriter les passions au lieu de les calmer, car les peuples, pas plus que les individus, n'aiment à se courber devant les volontés d'autrui, c'était aussi par une contradiction regrettable, au moment même où l'on proclamait la nécessité de l'autonomie financière, la supprimer en fait en laissant absorber par la métropole l'exercice des pouvoirs concédés à la colonie.

Un autre avantage qui a été recueilli de cette division des attributions opérées d'après la différence de tempérament des assemblées, c'est qu'on a introduit dans le domaine de la gestion des affaires coloniales le principe fécond de la spécialisation des fonctions ; chaque assemblée se trouvant rationnellement dotée des pouvoirs qu'elle est la plus propre à exercer, fournit par cela même, comme organe de la société, son maximum d'utilité au plus grand profit de la chose publique.

Un dernier mérite de cette organisation c'est qu'elle tient largement compte, en essayant de lui venir en aide, de l'inévitable inexpérience du personnel électoral algérien qu'il s'agit de créer.

On ne peut exiger d'un pays qui a toujours été tenu à l'écart de ses affaires que de nombreux hommes y aient acquis déjà l'éducation civique indispensable pour bien conduire les affaires. Ces hommes se formeront et plus vite peut-être qu'on serait tenté de se l'imaginer, car sur cette terre d'Afrique où le succès est dû à l'énergie individuelle, les citoyens ne sont guère empruntés et ont vite fait de tout apprendre. Mais enfin il faut bien convenir pour le moment que les cadres du personnel électoral ne sont pas abondants, ça a donc été une mesure très sage que de centraliser le travail budgétaire dans une réduction des Délégations, dans une Commission recrutée parmi les membres les plus laborieux et les plus qualifiés, qui soumettront à l'Assemblée plénière une étude soigneusement étudiée sur laquelle une discussion intéressante et réfléchie pourra s'ouvrir.

C'eût été, à n'en pas douter, une cause de trouble et de confusion que d'autoriser de porter directement des amendements devant la réunion plénière. L'œuvre budgétaire en eût pu être sérieusement atteint jusque dans ses assises par l'adoption de motions imprévues, dont le Parlement lui-même nous fournit maints exemples, que l'Assemblée eût été exposée à adopter un peu à la légère, regrettant bien vite, mais toujours trop tard, de s'être laissé aller à une impression irraisonnée.

Mais cette part faite à l'éloge, et on voit combien elle est grande, il y a lieu aussi de formuler d'importantes réserves sur l'esprit général qui a présidé à l'organisation financière de l'Algérie, surtout en ce qui concerne non plus le rôle respectif, mais l'étendue des attributions des deux Assemblées.

D'abord, d'une façon générale, la liberté laissée aux Délégations Financières en matière budgétaire a été trop mesurée.

Pour le budget des départements algériens, comme pour celui des départements métropolitains, le Conseil général est maître chez lui.

L'intervention du Gouvernement dans les délibérations est peu fréquente. Le Gouvernement se borne d'ordinaire à constater que certaines dépenses, d'ailleurs très réduites, que les Conseils ne peuvent supprimer parce qu'elles visent un intérêt primodiable et que l'on appelle obligatoires, ont reçu une allocation suffisante. Il examine, en outre, si le Conseil s'est bien tenu dans le rôle de ses attributions et n'a pas empiété sur un terrain qui ne lui appartenait pas ; en d'autres termes, s'il n'a pas commis d'excès de pouvoir et s'il n'a pas violé les lois ou les règlements. Le Gouvernement quitte comme à regret ce rôle expectant, il n'intervient que très exceptionnellement dans la gestion directe du budget et seulement pour autoriser soit l'acceptation de dons et legs en cas d'opposition de la famille, soit un emprunt remboursable dans un délai excédant 30 ans, ou soit le vote de centimes extraordinaires au-delà du maximum fixé annuellement par la loi de finances.

Pour les Délégations Financières, l'intervention de l'Administration est plus ordinaire, et l'on ne peut expliquer par aucune bonne raison, l'infériorité dans laquelle on a placé sur ce point les Délégations Financières par rapport au Conseil général.

Nous comprenons encore que leurs délibérations relatives au budget ne soient pas presque toujours exécutoires par elles-mêmes comme celles des Conseils généraux et qu'il faille l'autorisation du Parlement, en cas d'emprunts, qui ne seront jamais probablement au-dessous de cent millions chaque, et en cas de concessions de lignes de chemin de fer, qui peuvent entraîner le paiement de garanties d'intérêt.

Mais ce que nous ne saurions admettre, c'est que les autres délibérations que prennent les Délégations Financières, en réservant l'homologation du Parlement, qui est un acte de contrôle et non de gestion, ne puissent avoir lieu avec plus de liberté.

Le Gouvernement général, appuyé en ceci par le Conseil Supérieur, ne se reconnaît pas seulement le droit d'examiner si les dépenses obligatoires ont reçu une allocation suffisante, mais encore, il a pour ainsi dire, monopolisé l'initiative des propositions de dépenses et son droit sur ce point est si complet et si absolu qu'on a été jusqu'à interdire aux Délégations Financières l'usage du droit de virement qui a toujours été reconnu aux Conseils généraux, c'est-à-dire la faculté de diminuer un crédit pour en augmenter un autre, ce qui, au fond, ne présentait aucun danger, puisqu'il y a compensation et que l'équilibre budgétaire ne s'en trouvait pas atteint.

Nous voulons bien croire qu'avec le Gouverneur, il y aura toujours des accomodements possibles, que si les Délégations Financières ne peuvent voter aucune augmentation de dépenses, fût-elle en réalité nominale, elles pourront cependant exprimer le désir, former le vœu, par le canal de leur Commission des Finances, que telle dépense soit augmentée.

Mais cette intrusion du Gouvernement dans le règlement des moindres questions budgétaires ne va pas sans de gros inconvénients. L'autonomie financière disparait pour faire place à je ne sais quel régime d'association administrative. La Colonie et l'État gèrent en commun, les responsabilités se déplacent et à force de vouloir protéger les populations contre leurs propres excès, c'est le représentant de l'État qu'on s'expose à découvrir.

En matière de budget des recettes et d'établissement de nouveaux impôts ou de modifications à apporter à des impôts anciens, on retrouve cette même préoccupation de diminuer sans mesure les prérogatives des Assemblées locales et d'augmenter d'autant la part d'administration directe que la Métropole doit se réserver.

Cependant la Commission sénatoriale de 1869 avait donné sur ce point un exemple encourageant de libéralisme : « Le Conseil Supérieur, disait-elle dans l'article 49 du projet du

Sénatus-Consulte *autorise* les impôts à percevoir au profit du service local et en *fixe* le *tarif*.... »

L'accord des deux Assemblées n'a pas paru suffisant dans les questions impositaires, on y a voulu joindre l'homologation du Président de la République, par décret rendu en Conseil d'État, sur le rapport des Ministres de l'Intérieur et des Finances.

Que l'homologation soit nécessaire quand il s'agit de déterminer l'assiette d'une taxe ainsi queson mode de perception, nous le concédons volontiers; laisser aux Assemblées locales le soin de diriger à leur convenance l'incidence de la taxe peut n'être pas sans inconvénient dans un pays où les représentants des populations séparées et parfois hostiles, peuvent être tentés de s'en servir comme d'un instrument d'oppression pour terrasser leurs adversaires. Mais en ce qui concerne le montant même de la taxe et le chiffre de la contribution, la fixation du tarif, laisser aux bureaux parisiens le droit de décider quel effort financier peuvent faire des contribuables dont ils ignorent totalement les ressources, nous paraît une puérilité.

Il appartient aux Conseils locaux et à eux seuls d'apprécier en connaissance de cause quelle est l'étendue des sacrifices à consentir, quitte à réserver aux autorités centrales un droit répressif d'annulation, en cas d'excès de pouvoir ou de violation de la loi ou d'un règlement. C'est ainsi que le législateur avait compris jusqu'en ces derniers temps, en matière impositaire, les droits des Colonies et celui de l'État.

Je sais que cette liberté laissée aux Colonies de fixer souverainement le montant des taxes locales a été désapprouvée par des membres très distingués du Parlement et qu'elle a été supprimée dans la loi de finances de 1900 qui soumet, pour les délibérations relatives aux impôts, les Colonies à un régime analogue à celui que nous avons exposé pour l'Algérie.

Dans la *Revue Politique et Parlementaire* du 10 février 1899, M. Boudenoot, qui depuis a été rapporteur général du budget, a montré quel détestable parti les Conseils généraux des Colonies ont pu tirer de la liberté qui leur avait été laissée ; il a cité le Conseil général de la Guadeloupe, dans lequel une majorité de coalition a frappé d'un droit de 2 fr. 55 par quintal le sucre exporté de cette Colonie, ce qui, pour un hectare de terre produisant en moyenne 4,000 kilogrammes de sucre, représentait un impôt énorme de 102 francs par hectare de terre cultivée.

Ce sont des exemples de ce genre qui ont conduit le législateur à revenir sur les libertés concédées par le Sénatus-Consulte de 1866.

Mais de tels abus, qui ne sont pas si communs qu'on le donne à penser, sont manifestement impossibles en Algérie. Il y aurait dans l'établissement d'une taxe semblable une de ces exagérations que des colons européens, dont le tempérament répugne à de trop grosses iniquités, éviterait plus facilement que les Conseillers noirs des Antilles et que dans tous les cas, le Conseil Supérieur ne manquerait d'arrêter au passage.

Quand on parle de l'Algérie, il est impossible d'oublier qu'aux excès des colons, il y a ici un frein spécial, d'une efficacité particulière, parce qu'il sera manié par des hommes ayant la connaissance du pays. Il n'est pas à craindre que des fonctionnaires se laissent influencer par les passions ambiantes, rien ne leur étant plus aisé que de se réclamer de l'opinion de la France elle-même, dont l'écho nous arrive tous les jours et qui serait toujours portée à les soutenir.

Il y aurait encore assurément bien d'autres critiques à formuler contre certaines dispositions du projet de loi portant organisation financière de l'Algérie, mais nous craindrions de paraître vouloir les accumuler systématiquement, nous en retrouverons d'ailleurs plus loin quelques-unes, soit que nous examinions les modifications à apporter au décret du 23 août 1888, soit que dans le chapitre III nous traitions du budget algérien au point de vue politique. Dans ce dernier chapitre notamment et même avant, en nous occupant des dépenses obligatoires, nous montrerons combien va mal se comporter, dans la pratique, cette procédure de relation budgétaire entre le Gouverneur et les Ministres, par l'intermédiaire du Ministre de l'Intérieur.

Cependant, il est une critique que nous devons retenir immédiatement, parce qu'elle est ici tout à fait à sa place et qu'elle vient bien à l'appui des reproches que nous avons déjà dirigés contre l'esprit d'autoritarisme outré qui semble animer le législateur.

L'Algérie, nous l'avons dit plus haut, a été érigée en personne civile et elle est représentée par le Gouverneur général. Assurément, nous n'entendons pas dénier à ce haut fonctionnaire cette qualité de représentant de la Colonie, mais pourquoi ne la partage-t-il pas avec les Délégations Financières ? Les Délégations Financières représentant l'Algérie *délibèreraient* sur tout ce qui tient à la propriété, aux droits de la Colonie, aux actions à intenter en son nom, le Gouverneur représentant de son côté la Colonie *exécuterait* les décisions des Délégations Financières.

C'est à peu près ce qui se passe pour le département et nous ne sachions pas qu'une telle répartition de pouvoirs appropriée à la nature de chaque autorité ait jamais soulevé la moindre objection. Qu'il s'agisse d'un Conseil représentant la Colonie ou d'un Conseil représentant le département, il serait également fâcheux dans les deux cas d'écarter les populations dont ils sont les mandataires de la gestion d'une partie importante de leurs propres affaires.

Avant de passer à l'étude de la composition active et passive du budget algérien, ainsi qu'à celle des questions accessoires qu'à son sujet il faudra trancher, il est une question que nous désirons traiter de suite, parce qu'elle se relie intimement à celle des attributions financières des

Conseils algériens dont nous venons de parler et qu'elle mérite par conséquent de venir immédiatement après elles.

C'est la distinction des dépenses en obligatoires et facultatives, qui domine toute cette partie du budget.

Une telle distinction soulève des problèmes délicats. Nous avions déjà exprimé cette opinion dans notre rapport aux Délégations Financières de 1899, mais il y a lieu maintenant que nous connaissons dans leur entier les intentions du Gouvernement, d'entrer dans de plus larges développements.

En principe, il est nécessaire que les représentants des contribuables disposent sans trop d'entraves, dans un but commun, des subsides fournis par la collectivité, car leur intérêt personnel les pousse à en faire le meilleur emploi, ce que l'on doit souhaiter par dessus tout, si l'on a pour objectif une bonne gestion financière.

Un tel principe est pleinement admis par le législateur moderne. Aussi quand on suit les développements historiques de la législation financière applicable aux Conseils administratifs, on voit que la tendance s'accentue de plus en plus et en toute occasion de leur laisser l'entier règlement de leurs dépenses.

Nous savons cependant qu'en Algérie une première limitation a été apportée sur ce point aux prérogatives naturelles des Délégations Financières ; elles n'ont jamais l'initiative de l'augmentation de la dépense (qu'elles peuvent seulement réduire) quand bien même cette augmentation dans un article serait contrebalancée par une diminution équivalente dans une autre ; en d'autres termes, le droit de virement leur est interdit.

Mais il y a une deuxième limitation apportée en Algérie aux prérogatives financières des représentants des contribuables en matière de dépenses. Certaines dépenses ne peuvent même pas être diminuées, ce sont les dépenses obligatoires dont nous avons donné une idée plus haut.

Le projet de loi dresse la copieuse nomenclature de ces dépenses obligatoires, ce sont :

1° Les dépenses d'administration générale et celles des services civils relevant actuellement de l'État ;

2° Les traitements des fonctionnaires et agents mis à la disposition de la Colonie;

3° Les dépenses de la gendarmerie;

4° Celles des services musulmans et des affaires indigènes;

5° L'acquittement des dettes exigibles.

Il est intéressant de rapprocher cette nomenclature des dépenses obligatoires de celles qui figurent au sous-chapitre I d'un budget départemental.

Les voici telles qu'elles sont énumérées pour l'Algérie par l'article 60 du décret du 23 septembre 1875 :

1° Loyer des hôtels de préfecture et de sous-préfectures et ameublement des bureaux des affaires civiles des territoires de commandement, loyers et ameublement des bureaux nécessaires à la réunion du conseil départemental de l'instruction publique et du bureau de l'inspecteur d'académie ;

2° Casernement ordinaire des brigades de gendarmerie ;

3° Loyer, entretien, mobilier des cours d'assises, tribunaux civils, tribunaux de commerce, tribunaux musulmans et justices de paix ;

4° Frais d'impression et de publicité et listes pour les élections consulaires, des listes électorales et du jury ;

5° Acquittement des dettes exigibles.

En laissant de côté l'acquittement des dettes exigibles que l'on trouve dans les deux nomenclatures et qui est un tel devoir d'honnêteté s'imposant aux collectivités comme aux individus, qu'on ne comprendrait pas que l'État qui est le gardien de la foi publique tolérât qu'on s'y put soustraire, on voit de suite en considérant, non pas le nombre des articles, ce qui est chose indifférente, mais la nature des dépenses, que les dépenses obligatoires imposées à l'Algérie constituent une charge singulièrement plus lourde que celles imposées aux départements.

Alors que celles-ci se réduisent à quelques milliers de francs, celles-là s'élèvent à plusieurs millions ; alors que celles-ci n'enlèvent qu'une portion réduite à la composition active du budget, celles-là en absorbent une fraction considérable.

Si, par exemple, nous prenons le budget du département d'Oran, voté pour l'exercice 1884 — et depuis les choses n'ont dû guère changer, — nous constatons que les dépenses obligatoires comprises au sous-chapitre I s'élèvent à 125,762 francs pour un budget des voies et moyens montant à 1,716,444 francs ; elles absorbent donc 7 0/0 des recettes. Si nous nous livrons au même calcul pour la Colonie en prenant pour base les prévisions arrêtées par le Gouvernement pour l'exercice 1900, prévisions adoptées à peu près intégralement par le Parlement, nous voyons que les dépenses obligatoires s'élèveront à plus de 22 millions pour un budget des voies et moyens montant à 54 millions, ce qui donne une proportion de 40 0/0.

Les dépenses de l'Administration centrale et de l'Administration civile sont prévues pour 3 millions; les traitements et frais divers des fonctionnaires détachés de la Métropole dans les services financiers, dans le service des travaux publics, dans celui des forêts, etc., flottent entre 7 et 8 millions ; l'instruction publique absorbe six millions et demi ; la justice 2,200,000 ; la gendarmerie 2,200,000 ; les cultes français 900,000 francs ; les services indigènes 900,000 francs.

Le projet de loi porte que le montant de toutes ces dépenses est déterminé chaque année par le projet de budget ; il ne peut être réduit par les Assemblées algériennes qui, encore moins ici que pour les dépenses facultatives, ne jouiront du droit de virement.

Si les dépenses obligatoires ont été omises ou insuffisamment dotées par les Délégations Financières, le Conseil

Supérieur doit les rétablir d'office dans leur intégralité ; enfin, si le Conseil Supérieur ne les rétablissait pas, l'inscription aurait lieu par décret du Président de la République rendu en Conseil d'État sur le rapport du Ministre de l'Intérieur.

Il serait, dans la même forme, statué sur les voies et moyens destinés à assurer le paiement de ces dépenses, soit probablement en retranchant d'autant sur les dépenses facultatives, soit s'il y avait trop d'inconvénients à opérer ce retranchement, en augmentant le tarif des taxes locales, ce qui est le procédé ordinairement usité à l'encontre des départements ou des colonies qui omettent de voter en tout ou en partie leurs dépenses obligatoires. Ce procédé présenterait d'autant moins de difficultés en Algérie que, nous le rappelons, le Gouverneur partage avec les Délégations Financières l'initiative de l'établissement des taxes.

Dans toute cette longue réglementation que nous venons de résumer, on relève un luxe inouï de précautions dont une bonne part est pour le moins superflue.

Il est difficile de s'imaginer le Conseil Supérieur, composé comme il l'est de fonctionnaires, parmi lesquels un Inspecteur général des finances, violant systématiquement la légalité, en refusant d'inscrire les dépenses obligatoires.

Tout ce qui pourrait arriver, c'est qu'une discussion s'élevât sur certaines dépenses dont le caractère serait contreversable entre le Gouvernement et le Conseil supérieur ; encore une telle controverse n'est-elle pas présumable, les fonctionnaires ayant coutume de s'incliner par déférence devant l'opinion nettement exprimée de leurs chefs.

Si cependant une pareille discussion s'élevait, il y aurait là un point contentieux à vider devant le Conseil d'Etat ; c'est la seule hypothèse vraisemblable que l'on pût prévoir, et c'est précisément celle qui n'a pas été prévue.

Au reste, il faut généraliser nos critiques et quelque désir que l'on ait de ne pas trop accumuler les attaques contre un projet de loi dont le principe est, nous le répétons, excellent et dont les défectuosités de détails s'amélioreront sans doute, à l'usage, force est de confesser que toutes ces dispositions relatives aux dispositions obligatoires sont assez mal agencées et qu'il y aura beaucoup à corriger de ce côté.

Il est impossible de bien démêler le criterium dont a prétendu se servir le législateur pour imprimer à certaines dépenses cette qualification d'obligatoire, et la vérité c'est qu'il en a pris plusieurs.

D'ordinaire, une dépense obligatoire est une dépense d'intérêt tout à fait général, une dépense dont les citoyens de tout un empire ne sauraient admettre l'inexistence.

Or, dans la nomenclature ci-dessus reproduite, on rencontre des dépenses obligatoires qui ont un caractère nettement particulier et local, comme celles des services indigènes.

Le législateur a craint apparemment que les colons ne réduisissent les Arabes et les Kabyles à la portion congrue et il s'est efforcé de protéger ces derniers contre la tyrannie gratuitement supposée de leurs collègues enropéens.

Mais outre que cette protection n'était nullement nécessaire, la composition des Assemblées algériennes devant pleinement rassurer les plus timorés, comme nous le montrerons plus loin, sur le sort des indigènes, elle se retourne maladroitement contre eux en paralysant le droit d'amendement qui appartenait à leurs délégations. On comprend, en effet, que c'est seulement sur les matières musulmanes qu'ils auraient pu utilement proposer quelques réformes.

A un autre point de vue, ce qui rend cette exagération des dépenses obligatoires plus particulièrement pénible pour les populations d'Algérie, c'est leur intangibilité.

Dans le département, on se trouve en présence d'un seul chef, le Préfet, communiquant avec tous les services, leur donnant des ordres et ayant ainsi la possibilité, pour les services d'intérêt général de tempérer dans la pratique les rigueurs de la théorie en associant gracieusement les élus des populations au maniement des dépenses obligatoires. En Algérie, on rencontre, au contraire, divers chefs indépendants, dont le Gouverneur n'est pas toujours le préposé et dont quelques-uns n'entreront point en relations avec le Gouverneur et les Délégations Financières, aussi la loi gardera avec brutalité tout son empire.

L'intangibilité sera absolue pour tous les services civils relevant de l'Etat, pour l'instruction publique, les cultes, la justice, les douanes et même la gendarmerie, dont les crédits réunis absorberont 15 à 16 millions.

Même s'il le voulait, le Gouverneur ne pourrait prêter l'oreille aux améliorations que lui suggéreraient les Délégations Financières sous forme d'avis, parce qu'il n'a pas qualité pour les recueillir, n'étant pas le chef de ces services ou le préposé de leurs chefs, il ne pourrait même pas les transmettre par la voie hiérarchique aux différents Ministres intéressés, parce que ceux-ci n'ont pas à faire état d'une manifestation de volonté extra-légale.

On croira peut-être que du moins il pourrait se les approprier et les formuler en son nom, mais à quoi cela lui servirait-il ? Comment contraindre les différents Ministres à déférer au désir transmis par le Ministre de l'Intérieur, dont ils sont après tout les égaux ?

L'intangibilité des dépenses obligatoires, pour être moins absolue, existera cependant dans une large mesure en ce qui touche les dépenses afférentes aux traitements et frais accessoires, montant à 7 à 8 millions, du personnel de hauts fonctionnaires mis par la Métropole à la disposition de la Colonie.

Le Gouverneur n'est pas l'unique chef de ces fonctionnaires ; les Ministres qui les ont cédés ont cependant gardé par devers eux une partie de leur autorité hiérarchique. Voici, par exemple, le personnel forestier du cadre métropolitain. Le Gouverneur ne peut prendre aucune mesure à son sujet, sans en référer au Ministre de l'Agriculture, qui peut très bien ne pas approuver.

Les Ministres protègeront leurs fonctionnaires, s'ils y ont avantage et sans avoir le droit de les imposer à la Colonie, ils lui rendront singulièrement laborieuse la faculté de se priver de leurs services.

Il n'y a guère en somme que dans la sphère des affaires indigènes que la situation sera à peu près la même pour la Colonie que pour un département et que les Délégations Financières pourraient, par voie indirecte et en quelque sorte officieuse, avoir une certaine action sur elles. Mais c'est justement là le seul article sur lequel un Gouverneur ne pourra se montrer accommodant, par crainte du retentissement dangereux pour lui qu'une mesure mal interprétée pourrait entraîner devant un Parlement porté à l'arabophilie.

Aussi, en résumé, l'Algérie ne votera qu'un peu plus de la moitié de ses dépenses, l'autre moitié représentant une simple carte à payer, au sujet de laquelle on n'aura à lui fournir aucune justification. Vit-on jamais spectacle plus bizarre ?

Qu'on ne dise pas que nous exagérons. Le Rapporteur du dernier budget de l'Algérie (exercice 1900), M. Lemoigne, n'a-t-il pas reconnu lui-même que dans le budget algérien les dépenses obligatoires ne devaient comporter aucune discussion et que le plus simple serait encore, pour éviter toute équivoque, de décider qu'elle formerait un fonds consolidé qui ne serait jamais soumis aux votes des Assemblées locales ou qui ne lui seraient soumis qu'à des conditions et à des époques à déterminer, par exemple si l'on veut tous les quatre ans !

Il y a dans cette absence absolue d'action des Conseils algériens sur une notable partie des dépenses, un fait grave dont les conséquences périlleuses valent bien d'être quelque peu mises en lumière.

Quand il s'agira de créer son outillage économique et de rechercher les ressources nécessaires à l'intérêt et à l'amortissement d'emprunts successifs, la Colonie sera de suite acculée à la nécessité d'établir de nouveaux impôts par suite de l'impossibilité où elle sera de faire apparaître un excédent en réalisant des économies sur ses dépenses d'intérêt général qui correspondent aux frais généraux dans une entreprise industrielle et qui, dans un pays neuf, qui en a été véritablement accablé, sont les seules susceptibles de réduction.

Où pourrait-elle en trouver d'autres ?

Ce n'est pas sur le maigre traitement des agents coloniaux des divers services qui composent la couche inférieure du fonctionnarisme algérien, car ces fonctionnaires, sont trop maigrement rétribués pour qu'on leur puisse rien prendre, ec sera encore moins sur l'agriculture, la colonisation, les travaux publics, puisque les crédits de ces services reproducteurs ne seront jamais assez élevés et que le personnel devra en être augmenté en proportion de leur extension.

Mais l'établissement de nouveaux impôts serait si mal accueillie du public que les Assemblées ne s'y décideront jamais, du moins au début.

On peut donc prévoir qu'une longue et pénible bataille marquera les commencements de l'autonomie française.

La lutte sera d'autant plus ardente que la Colonie pourra à juste raison se plaindre que son budget ne sera jamais assuré d'être en équilibre et qu'un budget dont elle n'est pas maîtresse laisse la porte ouverte à des déficits incessants dont elle n'a pas à répondre.

Les dépenses obligatoires, en effet, si elles ne peuvent pas être réduites par la Colonie, pourront en revanche être constamment augmentées par la Métropole, on est donc en présence d'une progression inconnue qui menace d'absorber les excédents à mesure qu'ils se produiront.

Comme le faisait observer M. le député Fleury-Ravarin dans un article sur la réorganisation administrative de l'Algérie publié dans la *Revue Politique et Parlementaire* de juin 1896, pour les services qui tous alors étaient rattachés, les prévisions budgétaires des dépenses établies par le Gouvernement général avec le concours du Conseil Supérieur, n'ont jamais été prises en considération et elles continueront à ne pas l'être davantage pour les services qui sont encore rattachés même quand les Délégations délibèreront le budget algérien.

« Chacune de ces administrations, pour citer les termes mêmes dont se sert l'auteur, cherchera à grossir à l'envi son budget pour satisfaire aux besoins qu'elle éprouve ou aux projets qu'elle conçoit sans se préoccuper des autres. » et on peut ajouter aussi sans tenir sérieusement compte des ressources budgétaires dont la consistance même sera vraisemblablement ignorée des bureaux parisiens.

M. Picquié, le rapporteur de la Commission des budgets locaux, a cependant écrit avec infiniment de raison : « La mise à la charge des Colonies, des dépenses aujourd'hui supportées par l'État entraîne comme conséquence pour les Colonies le droit de discuter l'*étendue* et jusqu'à un certain point l'*utilité* des charges supplémentaires qu'on leur impose. »

Ce que pour l'Algérie nous traduisons ainsi : La mise à la charge de l'Algérie des dépenses aujourd'hui supportées par l'État, entraîne pour elle, comme conséquence, le droit de discuter l'*étendue* et jusqu'à un certain point l'*utilité* des dépenses qu'elle prend en charge.

Pourquoi ne s'est-on pas inspiré de cette sage et libérale doctrine, est-ce que tout le monde n'en eût pas profité ?

Il y a beaucoup à réformer et à élaguer dans cette Colonie que l'on a véritablement écrasé sous le lourd amas des institutions métropolitaines. Dans un pays dont les ressources sont à peine naissantes et où les populations sont clairsemées, on a, par routine, appliqué les procédés d'administration des départements les plus riches et les plus denses de la Métropole et on continue à les appliquer à un moment où dans la Métropole elle-même on les juge trop compliqués et trop onéreux, aussi les doubles et triples emplois ne sont pas rares, comme le constatait dans son rapport sur le budget de l'Algérie, année 1893, M. le député Jonnart, que l'on ne peut taxer d'incompétence, puisque c'est un ancien fonctionnaire algérien.

Il y a trois directeurs des Domaines, trois directeurs des Contributions diverses, trois directeurs des Contributions directes, etc., alors qu'un seul pourrait probablement suffire et que le service ainsi unifié gagnerait en marche rapide.

Ce n'est pas le Gouvernement qui songera jamais à corriger de tels abus; le Gouvernement et l'Administration n'auront jamais l'héroïsme de s'amputer eux-mêmes; de telles initiatives ne peuvent venir que des Assemblées locales, parce qu'elles seules souffrent de l'aggravation des frais généraux qui se traduit nécessairement par une diminution des dépenses productives.

Il fallait donc se montrer plus hardi dans l'intérêt même de la Métropole, car son intérêt est d'avoir une Colonie riche, qui, tout en restant sa meilleure cliente, ne réclame d'elle aucun sacrifice pécuniaire, il fallait donc pousser à l'extension et non à la limitation des prérogatives financières des Conseils locaux; il fallait leur inculquer le désir en ne diminuant pas trop leur droit en matière de dépense, de faire des économies, ce qui est la maière la plus simple de constituer le premier article de recettes du budget local qui se compose des crédits périmés non épuisés ; il fallait chercher dans tous les cas pour ces dépenses d'intérêt général qui pèsent si lourdement sur les populations, et dont les populations n'aperçoivent pas très nettement l'utilité, un *modus vivendi* acceptable entre les droits de l'Etat qui a mission de veiller à ce que l'intérêt général ne soit pas sacrifié et à ce que les services administratifs dont il est le chef soient assez solidement constitués pour assurer pleinement l'ordre et la sécurité, et ceux de la Colonie qui désire ménager les contribuables en leur demandant le moins d'impôts et en leur rendant le plus de services possibles.

Si, pour réaliser cette entente entre le Gouvernement et les représentants des populations et donner ainsi son entière portée à la nouvelle organisation financière algérienne, il y avait à procéder comme nous le pensons et comme nous le démontrerons au chapitre III, à une réforme et à une simplification de l'Administration supérieure ; on a eu tort certainement d'hésiter à l'entreprendre. Un avenir que nous croyons prochain, dira à quelles difficultés aiguë on s'est heurté en manquant, au moment opportun, de hardiesse et de décision.

Nous aurions un dernier reproche à formuler en clôturant nos remarques sur le chapitre des dépenses obligatoires.

Il est regrettable que cette matière ait été réglée dans le projet de loi.

D'après les critiques qu'elle nous a paru comporter, on doit se rendre compte que, dans l'état actuel des choses, le règlement d'une pareille matière ne peut être que provisoire, des modifications indiquées par l'expérience s'imposeront sans doute qui ne pourraient être réalisées si c'était à l'intervention du Parlement que l'on dût recourir comme cela a lieu d'habitude pour une loi qui ne peut être modifiée que par une autre loi. Le Parlement est beaucoup trop occupé pour pouvoir régler d'une façon courante les affaires algériennes.

Il serait donc plus sage, en prévision des rectifications à apporter dans l'avenir, rectifications qui demanderont à être rapidement opérées, de s'en tenir à la procédure du décret, d'autant plus qu'en notre matière, cette procédure a été indiquée avec autorité par M. Picquié, le rapporteur des budgets locaux. Il a formulé sur ce point les desiderata de la Commission dans la proposition suivante qui a été elle-même incorporée dans la loi de finances de 1900 :

« Les dépenses inscrites au budget des Colonies pourvues

de Conseils généraux, c'est-à-dire de Conseils électifs (et, par conséquent, de l'Algérie) sont divisées en dépenses obligatoires et dépenses facultatives.

« La *nomenclature* et le maximum des dépenses obligatoires sont fixés, pour chaque Colonie, par décret du Conseil d'Etat. »

On ne s'explique pas pourquoi une pareille disposition ne serait pas étendue à l'Algérie.

***

Nous en arrivons maintenant à la composition active et passive du budget algérien. Du moment que ce budget est *intégral* on conçoit qu'il doit comprendre l'ensemble des recettes et l'ensemble des dépenses.

Au point de vue des recettes, il n'y a quasi rien à relever. Cependant on doit faire remarquer que bien que le législateur ait en principe donné à la Colonie la totalité des impôts et des produits perçus sur le territoire, il ne lui a pas pour cela abandonné les 55,418,711 francs qui figurent au budget des voies et moyens pour l'exercice 1900. Il a opéré certaines défalcations qui portent sur le produit des monopoles qui ne représentent pas un bénéfice net puisqu'il comprend le prix de la matière première que l'État a dû acheter. C'est une diminution de 797,900 francs, à laquelle il faut ajouter une somme de 1,324 francs que la Métropole se réserve en gardant pour elle le produit de la taxe militaire.

Les défalcations montent en définitive à 799,224 francs et les recettes demeurent à 54,619,487 francs.

Au point de vue de la composition passive du budget, il y a quelques observations intéressantes à présenter.

D'abord, c'est un côté de la question qu'il ne faut jamais perdre de vue, le budget algérien est un budget administratif et par conséquent un budget civil et local. On doit donc en exclure les dépenses militaires, comme on en a parallèlement exclu les recettes militaires, tout au plus, pourrait-on songer un jour à réclamer de l'Algérie un contingent pour ces dépenses, mais le jour où, sous une forme la plus atténuée qu'on la suppose, le budget algérien comporterait une dépense militaire, il aurait cessé d'être un budget civil et administratif pour commencer à devenir un budget politique et la Colonie serait fondée à prétendre qu'elle doit avoir une part d'action sur une armée qui commencerait à devenir algérienne.

Cette éventualité, en l'état de susceptibilité où se trouve la Métropole, nous paraît de nature à modérer les exigences des plus féroces Commissions du budget. Au surplus, la fixation du contingent soulèverait d'assez grosses difficultés, car à proprement parler, il n'y a pas d'armée spécialement affectée a l'Algérie. Il y a le XIXe Corps qui, en cas de guerre européenne, quittera la terre d'Afrique, il y aura peut-être une armée coloniale, mais son centre d'action sera au-delà du Sahara algérien.

Quant aux dépenses purement civiles, elles seront en principe toutes incorporées, même celles de la gendarmerie — bien que des réserves se conçoivent à ce dernier sujet, la gendarmerie ayant aussi un caractère en partie militaire — et celle des pensions civiles. Cependant, pour les pensions civiles, la Colonie ne prendra à sa charge que les pensions concernant les fonctionnaires et agents coloniaux qui, on le sait, ne sont pas très nombreux et dont les traitements sont assez minimes, encore la Colonie ne devra-t-elle leur verser que les pensions liquidées dans l'avenir, à partir du 1er janvier 1901. Les pensions des fonctionnaires détachés de la Métropole et mis à la disposition de la Colonie seront exclues du budget local, comme elles le sont déjà du budget de toutes les autres Colonies, en vertu de l'article 45 de la loi du 14 avril 1898, et la Métropole les prendra en charge.

Ainsi l'incorporation de toutes les dépenses civiles est complète.

Il y a cependant uue exception relative à la garantie des

chemins de fer algériens, c'est la Métropole et non la Colonie qui devra la fournir, mais cette exception n'est que provisoire.

D'abord, comme nous le verrons plus loin, elle doit cesser de plein droit en 1926, ensuite elle peut cesser avant cette époque si l'État, comme on le suppose, se décide à racheter les chemins de fer algériens avant l'expiration de la date de la concession ; seulement, dans le premier cas, la Colonie paierait la garantie d'intérêt, et elle ne la paierait pas dans le second. Les chemins de fer devenant la propriété de l'État qui les rachète, ce serait à lui seul à en payer le prix représenté par une annuité destinée aux actionnaires et aux obligataires, inscrite au chapitre de la dette publique et égale à la garantie que percevaient les compagnies inscrite au service des travaux publics. Notons, en passant d'ailleurs, qu'une telle solution ne se suffirait pas à elle-même, elle ne serait pas satisfaisante, parce qu'il y aura forcément désaccord entre la Colonie qui, malgré tout, demandera instamment que l'on abaisse les tarifs des chemins de fer algériens pour mettre en œuvre les richesses naturelles du pays, et l'État qui s'y refusera par crainte qu'on ne creuse un trou dans son budget. Aussi ne faut-il voir là qu'un expédient momentané, et tôt ou tard, après le rachat, une rétrocession ou quelque procédé analogue devra intervenir, mais c'est là un sujet sur lequel nous n'avons pas à nous étendre.

Arrivés à ce point de notre examen de la composition du budget intégral, si pour plus de précision, nous condensons en chiffres les dépenses de ce budget, voici les résultats que nous obtiendrons en prenant les dépenses prévues pour l'exercice 1900 :

1° Dépenses civiles d'administration	50.830.449 fr.
2° Dépenses de la gendarmerie d'Afrique.	2.200.000 »
3° Annuité d'un premier emprunt de 100 millions aux taux de 3 3/4 (intérêt et amortissement compris) d'une durée de 75 ans..	4.050.000 »
4° Augmentation du traitement du personnel nécessaire à l'exécution de travaux publics extraordinaires..................	1.500.000 »
TOTAL.....	58.580.449 fr.

Mais de ce chiffre de 58,580,449 francs, il faut déduire un certain nombre de dépenses qui disparaîtront du budget ordinaire pour être payées sur les fonds d'emprunt, car c'est précisément pour les effectuer que les emprunts seront contractés.

Ce sont d'une façon générale les dépenses afférentes aux travaux neufs, soit 5,700,000 francs, dont voici le détail :

1.800.000 fr....	Création de centres ;
400.000 » ...	Travaux d'hydraulique agricole ;
1.000.000 » ...	Création de routes ;
1.200.000 » ...	Amélioration des ports ;
1.200.000 » ...	Etudes des travaux de chemins de fer ;
100.000 » ...	Routes, ponts et travaux en forêts.
TOTAL ... 5.700.000 fr.	

Il faut encore déduire 160,000 francs de dépenses, pour l'Exposition Universelle, qui ont un caractère exceptionnel, soit en tout 5,860,000 francs.

Si on soustrait ces 5,860,000 francs des 58,580,449 francs, précédemment trouvés, le solde des

dépenses tombe à......................	52.720.449 fr.
Comme les recettes sont prévues à......	54.619.487 fr.
l'excédent des recettes est de............	1.899.038 fr.

Le budget est dès lors en équilibre.

Ce même calcul de l'équilibre budgétaire avait été fait par nous dans nos rapports aux Délégations Financières.

Nous nous étions montré un peu plus pessimiste qu'aujourd'hui et nous aboutissions à un déficit de 2 millions que nous portions à 4 afin de constituer le budget en sensible excédent, pour éviter tout mécompte. M. l'Inspecteur général des finances de Beaucoudray, au Conseil Supérieur, s'est montré plus optimiste. En faisant sortir du budget, s'appuyant sur la loi du 14 avril 1898, art. 43, les pensions civiles que nous y inscrivions pour une somme de 2,500,000 francs et le projet de loi lui donne sur ce point raison, et en étendant la nomenclature des dépenses qui cesseront de figurer au budget ordinaire, pour être acquittées sur les fonds d'emprunt, il arrive à l'équilibre. Ce résultat paraît plus exact et nous l'adoptons.

***

Nous abordons maintenant l'examen des questions accessoires que le projet de loi du Gouvernement tranche ou devra trancher ; elles ont trait, nous le rappelons, à la possibilité d'une subvention, à la garantie de la Métropole, à la création d'un fonds de réserve, au domaine, et au règlement du budget par le Ministre de l'Intérieur où à son homologation par le Parlement.

Commençons par la subvention :

Le budget est pour le moment en parfait équilibre, même en y comprenant l'annuité d'un premier emprunt de cent millions, c'est ce que nous avons vu récemment. Mais cet équilibre, rien ne nous assure que nous l'aurons demain, personne ne peut affirmer qu'il ne tournera pas en déficit, parce qu'en définitive, nous l'avons déjà dit, ce budget a deux maîtres.

D'ordinaire les dépenses et les recettes sont les parties d'un même compte tenu par la même personne ; une certaine solidarité les unit. Mais, en Algérie, les dépenses et les recettes seront souvent tenues par des persounes différentes. Celui qui marquera la dépense ne sera pas toujours celui qui marquera la recette et ces personnages pourront s'inspirer de sentiments très différents. Les Ministres de France chargés des services rattachés s'occuperont médiocrement de l'état des ressources de la Colonie, ils ne se donneront même pas la peine de les supputer pour y mesurer la satisfaction des besoins financiers de leur service. Dans un budget ainsi ouvert, il y aura toujours une source possible de déficit.

Ajoutons qu'en Algérie les recettes ont d'étonnantes fluctuations. Sans doute, on y constate des excédents dans le rendement des impôts, mais ces excédents ne sont réguliers que si on considère une série d'années déterminées, une décade par exemple. D'une année à l'autre, parfois au lieu d'un progrès, on constate un recul. Cela n'a pas lieu de surprendre. Comme il n'y a pas d'industrie et presque que de l'agriculture, le rendement des impôts qui sont un prélèvement sur la production varie avec la production elle-même suivant les conditions climatériques qui ont tout leur empire dans une contrée que l'Européen peuple depuis trop peu de temps pour avoir pu l'assouplir aux exigences d'une société civilisée.

Rien ne nous dit, par conséquent, bien que le budget algérien soit en équilibre, qu'il continuera de le demeurer et que nous jouirons d'une série d'années prospères.

Supposons donc qu'un déficit vienne à se produire. Comment va-t-on le combler ?

Jusqu'en ces derniers temps, aucune difficulté ne paraissait s'élever à ce sujet.

« Une *subvention*, écrivait M. le Président du Conseil, dans sa lettre du 1er septembre 1899 au Gouverneur, couvrirait le déficit que laisserait subsister l'application aux dépenses de l'Algérie du produit de tous les impôts qui y sont perçus. »

Mais déjà, il y a un mois, cette solution, sur laquelle M. l'Inspecteur général des Finances de Beaucoudray avait fait quelques réserves dans la dernière session du Conseil Supérieur, avait paru inadmissible à une certaine partie de l'opinion dont le *Journal des Débats* s'était fait l'organe. « Alors, écrivait-il récemment, sous la plume de M. Maurice Colin, que le Parlement est le maître absolu de l'emploi des crédits concernant l'outillage économique de l'Algérie, il se refuse à en augmenter le chiffre aux dépens des contribuables de la Métropole, comment croire que les sacrifices dont il ne veut plus à l'heure actuelle aient chance d'être consentis par lui lorsqu'il aura abdiqué entre les mains des Assemblées algériennes le droit d'en diriger et d'en régler l'emploi. »

Nous pourrions objecter à M. Colin qu'à prendre même son raisonnement à la lettre, l'octroi d'une subvention à l'Algérie serait loin d'être incompréhensible, car l'État étant resté associé à la direction des Finances algériennes, on ne peut dire qu'il a abdiqué, comme on semble le croire, le droit de diriger et de régler l'emploi des fonds mis à la disposition de la Colonie, nous préférons constater cependant que le projet du Gouvernement ne parle plus de subvention ; il parle seulement, à propos du fonds de réserve dont nous allons nous occuper tantôt, de la possibilité pour la Métropole de faire des *avances* à la Colonie.

Que signifie cette substitution de termes. M. Maurice Colin aurait-il cause gagnée ? car enfin la subvention et l'avance ne sont pas précisément la même chose.

La subvention est un don gratuit, l'avance est un prêt remboursable. Dans le régime financier des Colonies, on trouve l'une et l'autre, seulement il paraît bien que tandis que la subvention a lieu dans les circonstances ordinaires, lorsqu'une Colonie ne peut normâlement boucler son budget, l'avance a lieu plutôt dans des cas exceptionnels, lorsque quelque évènement imprévu a éclaté et qu'il n'a pu être fait face à ses conséquences avec les ressources ordinaires, subvention comprise, de la Colonie.

C'est ainsi qu'à la suite du cyclone et des inondations qui

ont été éprouvés à Mayotte, dans le cours de l'année 1898, l'État lui a consenti une avance de 500,000 francs remboursable sans intérêt et par annuité de 25,000 francs à partir de 1903. Voilà pour les avances.

C'est ainsi, d'autre part, que dans le rapport de la Commission des Budgets locaux, M. Picquié propose d'allouer annuellement, sauf à en réduire progressivement le chiffre, 600,000 francs en faveur de la Martinique, moyennant quoi elle assurerait la charge totale de ses dépenses civiles et de gendarmerie. Voilà la subvention.

Le projet du gouvernement ne parlant pas de subvention, faut-il en conclure que la thèse des *Débats* a été accueillie et que dans aucun cas, l'Algérie ne pourra réclamer une subvention de la Métropole ?

Une telle interprétation du silence du Gouvernement dans un projet dont on ne connaît après tout que les grandes lignes est, selon nous, loin de s'imposer.

Nous nous trouvons toujours en présence de la déclaration de M. le Président du Conseil qui n'a pas été rétractée et aussi en présence des sentiments favorables à l'allocation possible d'une subvention exprimés naguère implicitement par la Chambre. M. le député Etienne, dans son projet de résolution qui a été adopté, a demandé qu'on étendit à l'Algérie les bénéfices de l'article 65 de la loi de finances de l'exercice 1900. Or cet article où il est procédé à la réorganisation financière des Colonies prévoit la possibilité d'une subvention.

Ce que l'on paraît désirer avec le courant des idées qui règne, c'est que les Colonies payent avant tout l'intégralité de leurs charges afin de diminuer d'autant le fardeau déjà très lourd du contribuable métropolitain, et pour qu'elles arrivent au but désiré, on leur abandonne l'intégralité de leurs ressources, on les tient même quitte du contingent exigé précédemment d'elles pour les dépenses d'intérêt général, contingent qui d'après le Sénatus-Consulte de 1866, formait la contre partie des subventions alors accordées, tout en leur continuant même ces subventions si elles sont nécessaires.

Cette application à l'Algérie de l'article 65 de la loi de finances de 1900 est juste.

Du moment qu'on l'assimile aux Colonies, elle doit en suivre le sort bon ou mauvais, sauf les réserves à exprimer formellemeut par le législateur. On n'a pas à dire que l'Algérie pourra toucher une subvention, mais on avait à dire que dans aucun cas, elle n'en toucherait une.

Qui oserait donc aller jusque là et prononcer contre elle une exclusion que ne connaissent ni les autres Colonies ni même les départements ?

Il est évident que si un déficit se produisait, c'est par ce moyen et non par un autre qu'on le pourrait combler. On ne pourrait guère renvoyer l'Algérie à se pourvoir ailleurs, soit en faisant des économies, puisque la seule partie du budget sur laquelle elle en pourrait faire, les frais généraux, sont à peu près devenus intangibles, soit en établissant de nouveaux impôts, puisque ce serait compromettre sans retour le régime de l'autonomie financière que de la présenter, dès le début, à des populations que l'on a surchargé d'impôt sans mesure dans ces dernières années, avec un décevant cortège de taxes supplémentaires.

***

Après avoir traité de la subvention ou des avances que la Métropole pourrait être amenée à consentir à la Colonie, la suite des idées nous conduit à nous occuper d'une question connexe, qui est la garantie de la Métropole en cas d'emprunt.

La subvention est une donation, l'avance un prêt d'espèces, la garantie un prêt de signature. En cas de garantie, le garant intervient comme caution d'une dette qu'il est exposé à payer si le débiteur principal ne fait point face à ses engagements.

Le projet de loi est encore muet sur le point que nous

soulevons, mais, pas plus que pour la snbvention et pour les mêmes raisons, son silence ne saurait signifier un refus d'aide, le cas échéant.

Nous ne voyons pas, quant à nous, que la Métropole puisse se dispenser de garantir ces futurs emprunts algériens dont à tout prix elle doit favoriser la réussite puisque c'est en considération des ressources extraordinaires qu'ils procureront à la Colonie, ressources indispensables pour compléter son outillage déjà très en retard sur celui des peuples civilisés et que la Métropole ne veut paslui fournir, qu'on a voulu donner à l'Algérie la faculté de les contracter.

Sans doute, si l'Algérie était maîtresse de son budget, la Métropole pourrait se désintéresser de ses emprunts comme des conséquences financières de tous autres actes qui lui seraient parfaitement étrangers, mais nous le savons, la Métropole a entendu conserver une notable part d'action directe dans les affaires de la Colonie qui, dans une certaine mesure se trouvent être aussi les siennes. Si l'on veut se servir d'une comparaison fournie par le droit privé, on peut dire qu'elle s'est mise tout au moins dans la situation d'un tiers qui s'immiscerait dans les affaires d'autrui et s'exposerait ainsi à être tenu bon gré mal gré du passif de ce dernier. Du chef de son immixtion dans le budget algérien, une responsabilité lui incombe qu'elle ne saurait repousser, elle doit donc, en cas d'emprunt, offrir une signature que d'ailleurs les prêteurs ne manqueront pas de lui demander.

Cette promesse de payer, qui facilitera en tous cas les emprunts, en admettant que, sans elle, ils soient possibles, peut d'autant plus aisément être prise par elle que dans le présent aucun risque n'est à courir, puisque de la comparaison des chiffres qui ont été maintes fois fournis, il résulte que le premier budget algérien est en équilibre, même en y comprenant une annuité de 4 millions nécessaires au service de l'intérêt de l'amortissement d'un emprunt de 100 millions, emprunt qui sera largement suffisant au début, car il ne peut s'agir de se procurer d'énormes sommes dont on aurait mal prévu l'emploi détaillé.

Quant à l'avenir, l'engagement de la Métropole n'aura en somme que l'importance qu'on voudra bien lui donner.

Si le Gouvernement tient la main à ce que de son fait aucun trou ne soit creusé dans le budget algérien par l'augmentation des dépenses obligatoires et aussi à ce qu'il ne s'en produise aucun non plus du fait des Délégations dont il a par avance et très soigneusement bridé les exagérations possibles, la garantie de la Métropole n'aura été qu'un pur cautionnement moral.

Au surplus, en matière de garantie comme en matière de subvention, on se borne de demander l'application à l'Algérie du droit commun colonial. Il est d'usage que la France garantisse les emprunts de ses colonies qui, toutes plus ou moins en tutelle, même lorsqu'on leur accorde une autonomie qui n'est jamais que partielle, sont incapables d'aborder seules un marché financier lui-même assez peu enclin aux placements coloniaux. C'est la Métropole qui a garanti l'emprunt indo-chinois et celui de Madagascar, sans parler de la Dette Tunisienne, c'est donc la Métropole qui doit garantir les emprunts algériens.

L'Angleterre, il est vrai, n'a jamais coutume de s'engager ainsi, elle demeure en dehors des opérations financières auxquelles peuvent se livrer ses colonies qui s'adressent sans intermédiaires aux riches banquiers de la place de Londres, mais l'Angleterre est logique, elle demeure également en dehors des actes qui leur donne naissance ; elle n'autorise pas, elle n'homologue pas, elle laisse faire.

Quand, dans son empire, elle estime qu'une collectivité peut avec ses ressources financières faire face à ses dépenses, elle lui accorde immédiatement le droit de disposer librement de son budget ; les colonies l'alimentent comme elles l'entendent, à l'aide de taxes qui, la plupart du temps sont douanières et frappent les marchandises de la Métropole comme celles de l'étranger, ou bien à l'aide du produit de la vente des terres qu'elles effectuent suivant leur convenance.

Dans un tel système de gestion autonome qui ne coûte pas un centime à l'Angleterre, alors que notre système de gestion partagée a coûté de 1885 à 1898 près de 1,200 millions à la France pour toutes les colonies autres que l'Algérie, la garantie ne se comprend pas, puisque la Colonie a toute latitude de se mouvoir et qu'elle ne peut s'en prendre qu'à elle-même si son crédit est mal coté, tandis qu'elle s'impose dans notre régime de *condominium* financier où chacun des actes de la Colonie doit recevoir le concours ou subir l'approbation d'un associé qui est en même temps un maître.

***

Le projet de loi déposé par le Gouvernement en même temps que d'une subvention possible et d'une garantie en cas d'emprunt dont il ne parle pas et qu'il ne repousse cependant pas par son silence, puisque l'une et l'autre étant conformes à la pratique financière des Colonies françaises auraient eu besoin d'être formellement exclues, aura à traiter ou traite d'autres sujets sur lesquels nous avons à nous expliquer brièvement, afin que le lecteur puisse avoir une vue à peu près complète de toute son économie.

Il y a d'abord la destination à donner aux excédents de recettes constatées en fin d'exercice.

Ces excédents appartiennent évidemment à la Colonie, puisqu'on lui attribue la totalité des recettes perçues sur le territoire et que ces excédents sont des recettes supplémentaires.

Mais quelle sera leur destination ? Vont-ils être mis à la disposition immédiate du Gouverneur et des Délégations Financières pour être consommés ou bien formeront-ils une sorte de réserve ?

C'est cette deuxième solution qui a prévalu. Cette solution est-elle juste ?

Sans doute, il est d'une sage prévoyance d'imposer à la Colonie l'obligation de ne pas absorber ses excédents au fur et à mesure qu'ils se produisent, car à ce compte-là elle n'aurait jamais de quoi parer à l'imprévu. Mais n'est-ce pas aller un peu loin que de les réserver dans leur intégralité. Les excédents de recettes apparaîtront soit parce que les dépenses auront été diminuées, les recettes demeurant stationnaires, soit parce que les recettes auront été plus productives, parce qu'il y aura eu plus de sévérité dans leur perception. Pourquoi ne pas inviter la Colonie à réaliser des bénéfices en lui attribuant immédiatement une partie des bénéfices qu'ils donneront.

Dans cet ordre d'idées, n'aurait-on pas pu faire deux parts des excédents, en verser la moitié dans le fonds de réserve et laisser l'autre moitié à la disposition du Gouverneur et des Délégations Financières, c'est-à-dire en somme du Gouverneur, puisque c'est lui qui a l'initiative de la dépense ; on eût ainsi pu faire état d'allocations supplémentaires pour les services les plus intéressants.

Quoiqu'il en soit, d'après le projet de loi, les excédents de recettes constatés en fin d'exercice, doivent, pour la totalité, former un fonds de réserve. Ce fonds de réserve sera versé lui-même au Trésor en compte courant et le Trésor devient ainsi le comptable et le banquier de la Colonie.

Il ne pourra être opéré d'ordinaire de prélèvements sur le fonds de réserve que pour le paiement des dettes exigibles ou pour le remboursement des avances consenties par la Métropole.

Ces prélèvements devront être autorisés dans la même forme que les dépenses inscrites au budget, c'est-à-dire que le Gouverneur aura seul l'initiative de la proposition de prélèvement et que ce prélèvement devra être voté par les Délégations Financières et par le Conseil Supérieur.

Seulement ce vote ne paraît guère devoir être qu'une formalité, car les prélèvements ainsi entendus doivent surtout servir au paiement de dépenses obligatoires dont font partie les dettes exigibles, dépenses que les Délégations Financières ne peuvent évidemment pas diminuer et qu'elles n'ont pas naturellement à augmenter.

En cas d'urgence, résultant d'évènements calamiteux, survenant pendant les intersessions des Conseils algériens : gelées, sécheresse, invasion des sauterelles, le Ministre de l'Intérieur pourra, sur la proposition du Gouverneur et après avis du Ministre des Finances, autoriser un prélèvement exceptionnel sur les fonds de réserve.

Il y a là quelque chose d'analogue à l'ouverture des crédits extraordinaires, qui sont une variété des crédits additionnels, permis en France à l'exécutif, en cas d'absence des Chambres, par suite de prorogation. De tels crédits doivent être approuvés par le Parlement dans les 15 jours de sa rentrée. Le projet de loi ne contient aucune prescription semblable pour les crédits algériens, mais il est certain que le Gouverneur ne pourrait se dispenser de rendre compte des circonstances qui ont nécessité un prélèvement exceptionnel sur le fonds de réserve dès la rentrée des Conseils algériens.

Quand le fonds de réserve dépassera la somme de 5 millions, il devra, en dehors de ceux nécessités pour couvrir l'État de ses avances, s'il en fait, supporter un nouveau prélèvement au profit de l'État.

Dans la proportion de 1/3, les sommes excédant 5 millions devront lui être attribuées pour qu'il se rembourse ainsi du paiement au lieu et place de la Colonie de la garantie d'intérêt aux chemins de fer algériens.

Toutefois, à partir de 1926, ce prélèvement disparaîtra, la charge de la garantie d'intérêt devant dorénavant être supportée directement par la Colonie.

Mais la Colonie aura-t-elle jamais à supporter directement la charge de la garantie d'intérêt ?

C'est bien invraisemblable.

Croire qu'on attendra patiemment l'expiration des concessions actuelles, époque à laquelle les droits de chacun étant liquidés, l'État deviendra de plein droit propriétaire des chemins de fer algériens pour réglementer à nouveau l'exploitation rationnelle des transports rapides nous paraît peu probable.

Les transports à vapeur dans un pays dénué de routes et de rivières navigables n'accélère pas seulement le mouvement de la richesse, ils créent pour ainsi dire la matière même des échanges ; ils offrent donc une importance trop considérable pour que la Colonie et l'État se montrent indifférents pendant un quart de siècle à leur développement. Le rachat des lignes de chemins de fer ou tout au moins le remaniement des contrats des compagnies s'impose donc à très bref délai.

A ce moment, il ne sera plus question pour la Colonie de payer la garantie d'intérêt qui aura disparu, mais seulement de s'entendre avec l'État pour lui tenir compte dans une mesure à déterminer du prix de rétrocession si, comme il est probable, l'État procédait au rachat. Or cette mesure ne pourra jamais être bien considérable. L'État n'a pas été le mandataire de la Colonie dans les contrats désastreux qu'il a passés avec les compagnies, puisque légalement la Colonie n'existait pas encore, il a été seulement son gérant d'affaires et comme tel ne pourra jamais avoir droit qu'au remboursement des dépenses *utiles*, c'est-à-dire des dépenses dont bénéficiera la Colonie, et ces dépenses seront toujours fort au-dessous des sacrifices que l'État aura cru devoir consentir aux compagnies.

La question du domaine que nous nous proposons maintenant d'explorer dans ses grandes lignes n'a pas été envisagé dans le projet de loi sur le budget algérien, du moins rien n'a transpiré à ce sujet.

Y a-t-il là un oubli ? Mais la matière est trop importante pour qu'il soit possible. Y a-t-il là une omission volontaire, a-t-on pensé que ce sujet devrait être subséquemment réglementé par un décret ? Ce serait une grande erreur.

Une pareille matière régie en Algérie par la loi du 16 juin 1851 nous parait bien définitivement rentrée dans la compétence des Chambres et il ne semble pas qu'elle puisse être réglée par décret.

L'article 6 de cette loi porte expressément : « Les biens dépendant du domaine de l'État pourront être aliénés, échangés, concédés, donnés à bail ou affectés à des services publics dans les formes et aux conditions qui seront ultérieurement déterminées *par la loi.* »

La question qui va se poser à propos du domaine est celle de savoir si la Colonie, une fois érigée en personne morale, sera propriétaire de biens immobiliers à l'instar de l'État, du département ou de la commune.

M. le Gouverneur général Laferrière penchait pour l'affirmative, dans son discours d'ouverture du Conseil Supérieur (session de janvier 1899) : « Vous aurez, disait-il aux conseillers, aussi à étudier dans quelles conditions la personnalité civile de l'Algérie pourra être reconnue et de quelles attributions il conviendra la doter. Personne civile, l'Algérie pourra être propriétaire, *quel sera son domaine ?* » Mais ce sujet n'a pas été abordé par les Conseillers supérieurs, comme M. le Gouverneur général les y invitait, et seul M. l'Inspecteur général des Finances de Beaucoudray y a fait une légère allusion sous forme dubitative.

D'autre part, comme le projet de loi est absolument muet sur ce point, on en est réduit aux conjectures.

Mais d'abord il est bon de montrer par des chiffres quel est l'intérêt de la question.

Le domaine immobilier de l'État qui, au moins pour une part à déterminer, pourra être concédé à la Colonie, se décomposait, au 31 décembre 1898, de la façon suivante :

Bois et forêts, 1,538,117 hectares évalués 108,802,009 francs.

Immeubles non affectés à des services publics dans le Tell, les Hauts-Plateaux, et le Sahara, 727,271 hectares évalués 36,618,536 francs.

Immeubles affectés à des services publics, 28,816 hectares évalués 135,400,196 francs.

Ces immeubles domaniaux, du moins ceux qui ne sont pas affectés à un service public, sont susceptibles de donner des revenus.

C'est ainsi qu'en 1898, les forêts ont produit 1,776,045 francs et que de l'aveu du Service des Forêts lui-même, elles pourront donner bien davantage dans l'avenir, au fur et à mesure que, les bois étant mieux exploités, la qualité des produits, et notamment celle du liège que nos forêts fournissent, en abondance se sera améliorée.

De leur côté, dans cette même année 1898, les immeubles non affectés à des services publics ont donné un revenu de 2,235,841 francs, représentant des prix de locations ou de ventes aux enchères publiques qui, cette année-là, il faut d'ailleurs le noter, ont été particulièrement importantes dans la province de Constantine.

La consistance de ce domaine de l'État est naturellement variable. Si on la compare à ce qu'elle était en 1890, on voit que l'étendue des forêts a augmenté, elle a passé de 1,283,802 hectares à 1,538,117, soit un accroissement de 254,315 hectares; par contre, l'étendue des immeubles non affectés à des services publics a diminué, elle a passé de 879,496 hectares à 727,271 hectares, soit une diminution de 152,225 hectares. Ce dernier résultat est dû à ce que des prélèvements sont sans cesse opérés sur ce contingent des terres domaniales pour doter les communes et pour créer des centres ou allotir des fermes.

Ces diminutions ne peuvent que s'accentuer, car le domaine de l'État en temps de paix s'alimente lentement et ses causes d'accroissement n'ont pas l'importance de ses causes de diminution.

Il s'alimente à des sources diverses, mais dans tous les cas assez peu conséquentes.

L'État devient propriétaire en Algérie, comme dans la Métropole, suivant les modes reconnus par le Code civil il prend donc les biens en déshérence qui, généralement, ne représentent pas une bien grosse valeur, car lorsqu'un homme a de la fortune, il laisse d'ordinaire un testament. Il prend aussi comme biens vacants dans les territoires sénatus-consultés, les immeubles dont les indigènes ne peuvent revendiquer la jouissance exclusive et qui n'ont pas été attribués aux communaux des douars. Avec l'esprit nettement favorable aux indigènes que l'on apporte aux opérations du Sénatus-Consulte, on conçoit que les biens vacants ne puissent être nombreux ; ils forment d'ailleurs des parcelles éparpillées un peu partout et par conséquent difficilement utilisables. Enfin, d'après le droit musulman, l'État est héritier *aceb* ; il est appelé, selon le rite malekite, qui est le plus en faveur parmi nos indigènes, à la succession en qualité d'agnat au 7e degré, mais nous ignorons si l'État est toujours bien à même de revendiquer ces droits.

En temps de guerre, le domaine, il est vrai, peut s'alimenter à une source abondante qui est le séquestre ou confiscation, partielle en général, des biens des tribus rebelles.

Mais revenons à notre interrogation. La Colonie aura-t-elle un domaine ?

Il nous semble que oui.

Nous avons déjà dit que toutes les personnes civiles d'ordre administratif que l'on crée à l'image des personnes physiques ont, comme elles, un patrimoine. Ce patrimoine comprend des biens mobiliers et des biens immobiliers. Les biens immobiliers constituent le domaine avec ses deux branches : le domaine public, pour les immeubles dont l'usage est commun à tous : routes, rivières, édifices, etc., et que la personne morale détient simplement au nom de la communauté, et le domaine privé pour les immeubles susceptibles de propriété et dont la personne morale jouit comme ferait un particulier.

C'est ainsi que dès que les communes ont été créées en Algérie, un arrêté du Chef du Pouvoir Exécutif du 4 novembre 1848 décida qu'il serait fait remise gratuite aux communes des édifices affectés aux services municipaux ; qu'en outre, des immeubles susceptibles de produire des revenus pourraient leur être concédés. Ces concessions ont eû lieu, et il n'est pas rare de voir un village ou même une ville louer les terres de son domaine privé à des particuliers qui les exploitent, après entente sur la nature des plantations à effectuer, et qui payent une location.

De même, dès que la France conçut l'idée de donner à ses colonies une certaine autonomie financière, elle leur reconnut un patrimoine comprenant, comme biens mobiliers, le produit des taxes locales et comme biens immobiliers, des immeubles dont les uns étaient affectés à des services ou à des usages publics et les autres étaient susceptibles de donner des revenus (Ordonnance du 17 août 1825). Ce régime fut un moment étendu à l'Algérie quand, presque au début de la conquête, on voulut y faire un essai de séparation budgétaire dont nous avons précédemment parlé dans notre chapitre I (Ordonnance du 21 août 1839, art. 138).

Ce qui démontre enfin que l'Algérie aura un domaine, c'est que dans le budget des voies et moyens dont parle le projet de loi, distraction n'est point faite du revenu des forêts comme des produits de ventes et de locations des terres domaniales, bien que l'Etat n'ait pas manqué de se réserver certaines recettes comme le produit des monopoles et celui de la taxe militaire. Ces revenus et produits appartiennent donc à la Colonie, qui est considérée comme propriétaire soit des forêts, soit, en principe, des immeubles formant le domaine privé. Il est vrai que ces produits et ces revenus pourraient figurer au budget des recettes de l'Algérie, même s'ils appartenaient à l'État, mais ils ne figureraient plus alors à titre de recettes et seulement à titre de subvention, ce qui n'a pas lieu.

L'Algérie, nous le répétons, aura donc son domaine — ce qui est fort heureux, car son crédit chancelant en sera singulièrement fortifié — et il est possible d'en pressentir sinon l'étendue, du moins la composition.

Pour l'étendue, tout ce que l'on peut dire, c'est qu'elle sera un peu arbitraire. L'État ne peut, au moins pour son domaine privé, se dépouiller complètement au profit de la Colonie, à moins qu'il ne lui impose la charge de doter les nouvelles communes. Encore ce dévêtissement ne serait-il pas absolu et n'aurait-il d'effet que pour le présent, puisque les modes d'acquérir de l'État lui sont personnels et ne peuvent profiter qu'à lui.

Quant à la composition, elle ne saurait différer de celle que l'on retrouve dans le patrimoine des autres personnes morales du droit administratif.

Dans son domaine public, on rangera donc les édifices consacrés à un usage public, les routes, les rivières, les chemins de fer eux-mêmes, si la Colonie en a la propriété; dans le domaine privé, on rangera probablement les forêts et les terres de colonisation qui ne composent qu'une partie réduite des immeubles non affectés à un usage public : 200,000 à 250,000 hectares au plus, clairsemés dans le Tell, les Hauts-Plateaux et le Sahara.

Ces solutions nous paraissent s'imposer. On ne comprendrait pas que pratiquement la Colonie prît par exemple en charge les travaux publics et n'eut pas dans son patrimoine les routes qu'elle ouvrira ou qu'elle sera chargée d'entretenir. On s'expliquerait peu qu'elle acquittât les dépenses de colonisation et que la matière première de ce service, c'est-à-dire les terres, fût hors de sa disposition ; l'État gardera pour lui le domaine public militaire sur terre et sur mer, ce qui est tout indiqué, puisqu'il pourvoit à la défense de la Colonie, et probablement la majeure partie des 727,271 hectares non affectés à des services publics.

Sur tous ces points les difficultés ne seront pas essentielles, elles s'élèveront probablement plus grandes au sujet de la gestion du domaine.

A qui appartiendra cette gestion ?

Quels seront à ce sujet les pouvoirs du Gouverneur et ceux des Délégations Financières qui, tous deux, à un point de vue différent, l'un en ce qui touche à l'action, l'autre en ce qui touche à la délibération, représentent l'Algérie ?

Les Conseils généraux ont un pouvoir très étendu en matière de gestion des propriétés départementales ; ils règlent définitivement, par leurs délibérations, l'acquisition, l'aliénation, l'échange des propriétés mobilières ou immobilières, quand ces propriétés immobilières ne sont pas affectées à un service public. Leurs délibérations, comme presque toutes celles d'ailleurs que prennent les Conseils généraux sur des objets d'intérêt départemental, sont exécutoires sans qu'il soit besoin d'une autorisation particulière, si dans un délai de 20 jours après la clôture de la session, le Préfet n'en a pas demandé et obtenu l'annulation pour violation de la loi ou d'un règlement ou pour excès de pouvoir.

Mais, bien entendu, le Conseil général ne fait que délibérer, c'est le Préfet qui agit, c'est lui qui, en vertu des délibérations du Conseil, passe les contrats.

Aux Colonies, un régime analogue est en vigueur.

Va-t-on l'appliquer à l'Algérie ? Dans les communications officieuses faites par le Gouvernement à la Presse, on a dit que le Gouverneur pourra accorder des concessions de 100 hectares, les concessions supérieures à ce chiffre étant réservées au pouvoir central.

Cette disposition, rapprochée de celle du projet de loi dans lequel il est stipulé que le Gouverneur représente l'Algérie, sans qu'il soit fait seulement allusion au droit identique des Délégations Financières, signifie-t-elle que c'est, suivant le cas, le chef de l'État ou le Gouverneur, sans aucune participation des élus des populations, qui pourront aliéner les biens du domaine privé et, par exemple, les terres de colonisation qui ont en Algérie un si grand intérêt ?

Cette solution serait bien rigoureuse, et les dispositions du projet sont trop mal connues pour qu'on puisse affirmer qu'elle soit adoptée.

Les Conseils généraux eux-mêmes sont consultés sur le programme de colonisation à effectuer dans le département qu'ils représentent et cependant il s'agit là d'aliénation ou d'amodiation d'un domaine qui ne leur appartient pas. Comment les Délégations Financières n'auraient-elles pas voix au chapitre sur les conditions d'aliénation ou d'amodiation d'un domaine appartenant à l'Algérie qu'elles représentent aussi bien que le Gouverneur, et pourquoi leurs attributions en pareil cas seraient-elles différentes de celles que l'on reconnait aux Conseils généraux de la Métropole et des Colonies ?

Ce n'est pas assurément point parce qu'en Algérie, à cause de son étendue territoriale, la question du domaine est plus importante ; nous ne disons pas que dans les départements dans lesquels elle est presque négligeable, mais même que dans les Colonies où elle commence à devenir intéressante, qu'on la doit exclure des délibérations des Conseils locaux, ce serait, au contraire, un motif de plus pour l'y soumettre, car ces Conseils, sous peine de n'exercer aucune attribution sérieuse, doivent connaître tout d'abord des questions les plus importantes concernant l'Algérie.

***

Il nous reste à parler du règlement du budget et de l'homologation du Parlement qui, l'un ou l'autre, ou peut-être tous les deux, interviendront après que le budget aura été voté à Alger.

Dans la lettre du 1er septembre du Président du Conseil des Ministres à M. le Gouverneur général, il est dit : « L'ensemble des recettes et des dépenses de notre possession africaine sera présenté chaque année à *l'homologation* de la Chambre des Députés et au Sénat. »

D'autre part, sans s'expliquer sur l'homologation, le projet de loi porte que le budget de l'Algérie est définitivement *réglé* par décret du Président de la République sur le rapport du Ministre de l'Intérieur.

Dans les deux cas, il s'agit de faire sanctionner par l'autorité supérieure le vote du budget algérien, mais ces deux modes de sanction sont assez différents.

Le règlement est usité pour les budgets locaux.

Votés par les Conseillers généraux et les Conseillers municipaux, ces budgets ne sont pas encore définitifs. Pour avoir une existence légale, pour être exécutoires, ils doivent encore être réglés par l'Autorité supérieure, d'ordinaire par les Préfets pour les budgets des communes et par le Président de la République, sur la proportion du Ministre de l'Intérieur, pour les budgets départementaux.

Le règlement de ces derniers budgets qui s'éloignent le moins du budget algérien devrait, aux termes de la loi, n'être guère qu'une question de forme. Lorsque le Conseil général a pourvu à ses dépenses obligatoires et que le budget par lui voté n'est pas en déficit, conditions assez élémentaires qui se trouvent généralement remplies, l'Administration perd le droit d'y toucher ; elle peut seulement, dans un délai de 20 jours depuis l'expiration de la session, user du droit d'annulation qui lui a été réservé en cas d'abus de pouvoir ou de violation d'une loi ou de règlement. Mais comme le délai de 20 jours est manifestement insuffisant pour que le Ministre de l'Intérieur puisse examiner les budgets départementaux, ce fonctionnaire n'hésite pas à propos de règlement à opérer les rectifications indispensables aux budgets irréguliers, il redresse les erreurs matérielles, même si elles sont volontaires comme si par exemple ce qui se voit paraît-il, il a été fait état de recettes ou d'emprunts non encore autorisés ou de subventions imaginaires inscrites précisément en vue d'en démontrer la nécessité.

L'homologation est une sanction de nature moins minutieuse, c'est un acte de haute tutelle assez analogue à ce qui se passe en matière de droit privé, quand il s'agit de mineurs. Les tribunaux interviennent parfois pour apprécier la légalité et même la convenance de certains actes de dispositions faits par le tuteur du patrimoine du mineur. Ils ne se substituent pas à l'auteur de ces actes, et l'on est assez d'avis qu'ils doivent se borner à approuver ou à rejeter en bloc les propositions présentées.

De même un budget soumis à l'homologation parlementaire ne peut être examiné qu'en bloc ; s'il était examiné en détail, le Parlement en arriverait vite à voter le budget algérien, par exemple, aux lieu et place des Délégations Financières et du Conseil Supérieur.

Dans un projet soumis à l'homologation des Chambres, ce qui préoccupera surtout le Parlement, ce seront les tendances générales du budget. Il verra si les Conseils locaux ne sont pas portés au gaspillage, si les dépenses ne sont pas, par exemple, excessives, ou bien si la répartition des charges n'a pas un but que l'on pourrait appeler confessionnel, et les réflexions qu'il sera amené à faire seront par lui transmises au Ministre de l'Intérieur pour qu'il en avise le Gouverneur général.

De ces deux systèmes du règlement et de l'homologation, quel est celui qui l'emportera, comme moyen de sanction, dans le nouveau régime financier que l'on appliquera à l'Algérie ?

Il est assez difficile de le dire en l'absence d'indications suffisantes, mais nous pouvons, dans tous les cas, indiquer celui qui aurait toutes nos préférences.

Ce serait le système de l'homologation.

Le règlement sans doute est préférable pour les budgets départementaux.

Ces budgets, qui sont très nombreux et qui, à ce titre, ne sauraient retenir l'attention d'un Parlement déjà très absorbé par l'examen des affaires générales, ne contiennent guère de visées politiques. Leur défaut possible consiste en ce qu'ils sont délibérés un peu à la précipitée par des individus qui ne sont pas toujours compétents, ils peuvent donc contenir des irrégularités et des incorrections que l'Administration Supérieure a le devoir de redresser. Mais ni ces irrégularités ni ces incorrections ne peuvent se trouver dans un budget algérien voté par deux Assemblées, dont l'une compte de nombreux fonctionnaires, parmi lesquels un Inspecteur général des Finances, tandis que l'on y peut trouver, ce qui ne se rencontre guère dans un budget départemental, des préoccupations d'ordre politique, spéciales au milieu où il aura été voté. C'est donc l'homologation qui convient le mieux à la nature du budget algérien.

Au reste, ce qui la rend tout à fait indispensable, c'est que par ailleurs elle porte sur l'ensemble de la gestion financière algérienne, mérite qu'elle est seule à présenter.

Avec le système d'autonomie financière, très mitigée qui va être le nôtre, un contrôle absolument complet est nécessaire, parce que la responsabilité de la France est engagée. Or, outre que le règlement est un contrôle de forme plutôt que de fond, visant presque uniquement les irrégularités matérielles commises et ne tenant pas compte de l'esprit dans lequel les dispositions budgétaires ont été votées, il n'offre de garanties de surveillance, d'ailleurs comme on le voit, très limitées, que vis à vis des Conseils élus, fait par l'Administration, il ne peut en offrir vis à vis de l'Administration elle-même, qui ne peut pas pourtant être constituée juge et partie dans sa propre cause.

Le contrôle législatif remplit mieux le but de surveillance générale que la Métropole en attend, puisqu'il s'exerce sur les actes financiers des Conseils élus et aussi sur ceux de l'Administration elle-même. On ne voit pas comment la Métropole pourrait s'en passer.

Peut-être, cependant, essaiera-t-on de faire fonctionner en même temps les deux procédés de sanction et de contrôle que nous venons d'examiner, mais n'est-il pas à craindre qu'en cumulant deux précautions, dont l'une au moins est superflue en l'état de la composition des Assemblées algériennes, on ne s'expose à perdre beaucoup de temps et à voir sortir le budget algérien passablement déformé de ces épreuves successives.

***

Le projet de loi dont nous venons d'examiner les dispositions principales relatives aux attributions financières du Gouverneur et des Assemblées algériennes, à la distinction des dépenses en obligatoires et facultatives, à la composition du budget intégral et à diverses questions accessoires qu'il tranche ou devrait trancher, ne se suffit pas à lui-même, il n'épuise pas tout le contenu de la théorie de l'autonomie financière. Il se borne à fixer les points qui ont paru être de la compétence du Parlement, c'est-à-dire les points surtout généraux, agissant ainsi à la manière d'une loi constitutionnelle, et laisse en dehors de sa mise en œuvre certains points dont il ne faut pas exagérer le caractère secondaire, car ils ont aussi leur importance. Sans eux, l'autonomie financière présenterait des heurts ou des lacunes qui en gêneraient trop le fonctionnement régulier, s'ils n'y mettaient même absolument obstacle.

Ces points secondaires sont d'ordinaire tranchés par un décret, et nous savons qu'avant même que parût le projet de loi, les décrets du 23 août 1898 avaient eu pour but de les résoudre. C'est ainsi qu'il avait posé les règles relatives à la composition des Délégations Financières, à la réorganisation du Conseil Supérieur et aussi aux nouvelles attributions administratives à donner au Gouverneur, matière qui relève plutôt de l'ordre constitutionnel, mais qu'il est cependant de tradition de régler par décret et auquel nous ferons une place à part dans notre chapitre III, en traitant du budget algérien, au point de vue politique.

Mais ces décrets du 23 août 1898, auxquels nous nous tenons maintenant, doivent être à nouveau placés sur le chantier, si on veut mettre les Conseils locaux mieux à même de remplir la mission qu'on entend leur confier.

Quoi qu'en ait pu dire M. Brisson en les présentant il y a deux ans à la signature du Président de la République, il était manifestement impossible que cette création nouvelle des Délégations Financières et cette réorganisation du Conseil Supérieur qu'ils réalisaient, eussent revêtu une forme définitive, subordonnées qu'elles devaient être forcément aux attributions financières encore à fixer, que l'on accorderait aux Conseils locaux.

L'organe devait être indécis tant que la fonction n'existait pas encore. Aujourd'hui que la fonction existe, le moment est venu d'y approprier l'organe, et il se trouve qu'il doit être autrement compris que ne l'avait pensé le rédacteur des décrets du 23 août 1898.

C'est ce que nous allons rapidement montrer en indiquant les principales modifications que ceux-ci doivent subir dans le sujet spécial qui nous occupe.

Voyons d'abord les modifications à apporter à la composition des Délégations Financières.

Les décrets ont, nous le savons, appliqué à l'Algérie une base de représentation différente de celle qui existe en France. La représentation des intérêts qui a été substituée à celle des personnes.

Dans cette combinaison, le suffrage universel demeure, à la vérité, intact. Les électeurs sont bien appelés à voter à une époque plus tardive qu'à l'époque ordinaire, à 25 ans seulement, mais cette disposition ne constitue pas une exception pour quelques-uns, c'est le droit commun pour tous. L'époque de la majorité n'est pas toujours uniforme et peut varier suivant l'importance ou la nature des actes auxquels se livrent les citoyens.

Cependant, si tous les électeurs sont en principe appelés à voter, sauf la question d'âge, ils ne sont plus appelés à voter ensemble. Le législateur a pris la précaution de les distribuer préalablement en groupes séparés, comprenant chacun des individus admis à la même profession. Il y a là comme un souvenir de la représentation par catégorie usitée en France au moyen-âge et que, d'ailleurs, nous avons retrouvée à Alger, en 1830.

Cette représentation particulière n'est plus à justifier, elle a fait récemment ses preuves, elle a fourni aux Conseils électifs locaux un des meilleurs personnels que l'on ait connu depuis longtemps déjà.

En effet, par cette combinaison, les élections ont une tendance accentuée à demeurer professionnelles. Grâce au rapprochement plus intime de l'électeur et du candidat et à la communauté des vues pratiques qui les unit, on obtient généralement des choix judicieux. Un agriculteur, s'il désigne un représentant agricole, choisira le colon le plus capable, parce qu'il le connait, tandis que lorsqu'un citoyen nomme un mandataire politique, il élèvera sur le pavois le plus bruyant des démocrates, parce qu'il ne le connait pas.

On ne saurait donc trop louer le Gouvernement d'avoir trouvé pour l'Algérie, où les luttes politiques ont déjà fait de si profonds ravages, une représentation économique qui remplace avantageusement pour elle la représentation politique.

Malheureusement, le principe de la nouvelle combinaison une fois posé, on n'en a pas tiré toutes les conséquences nécessaires, et les divers intérêts sociaux existants n'ont pas toujours eu une représentation proportionnelle à leur importance, sur laquelle ils étaient en droit de compter.

Tant que les intérêts n'avaient pas voix délibérative dans la conduite des affaires algériennes, il importait assez peu, on doit le reconnaître, qu'ils fussent ou non complètement représentés, puisqu'ils s'agitaient dans un domaine académique sans communication avec la vie réelle, mais aujourd'hui que les attributions des Délégations Financières deviennent effectives et qu'elles peuvent avoir une portée pratique, chaque intérêt demande, à juste titre, à participer à la conduite des affaires dont il entend, lui aussi, être appelé à tirer profit.

Or, avec la combinaison actuelle, il n'y a en définitive qu'un intérêt qui soit réellement représenté, c'est celui des propriétaires ruraux et des fermiers, celui des colons, tous les autres, fussent-ils primordiaux, n'ont pas de représentation qui leur soit personnelle.

La formule négative de *non colons* qui, dans le langage usuel, sert à englober les groupes des représentants des contribuables qui ne sont pas propriétaires ruraux ou fermiers, confond et mêle des intérêts très divers et très différents. Le groupe des contribuables non colons comprend des personnes qui n'ont aucun point de contact ou qui n'en ont qu'un très distant et très relâché : salariés agricoles, industriels, commerçants, avocats, professeurs, rentiers, etc. Cependant, dans ces intérêts divers, il en est qui sont aussi homogènes et aussi importants que ceux des propriétaires et fermiers ruraux, ce sont ceux du commerce et de l'industrie.

Si nous consultons les statistiques, nous voyons qu'après certaines rectifications dont nous allons incontinent parler, le groupe des contribuables commerçants et industriels égale, s'il ne le dépasse, celui des colons, même en adjoignant à ce dernier, ce que l'on ne fait pas aujourd'hui, les salariés agricoles qui, ainsi que les propriétaires et les fermiers sont adonnés à l'agriculture. Voici le chiffre des individus adonnés à chacune de ces deux professions, tel que nous le relevons dans la statistique triennale du Gouvernement général, années 1891-1893 :

Agriculture	3.301.795	individus
Commerce, industrie, transport.	494.435	—

On comprend de suite, surtout à la simple inspection de la statistique afférente aux agriculteurs, que chacun des groupes ci-dessus mentionnés est majoré d'un certain nombre de Musulmans. Les individus, en effet, ont été recensés d'après leur profession et non d'après leur origine.

Il y a donc à opérer une défalcation dont on peut d'autant moins se passer, que dans le système de représentation des Délégations Financières, les indigènes forment une classe à part, ayant une représentation à eux.

Dans le groupe agricole, une telle défalcation est aisée. Dans une autre partie des documents statistiques publiés par le Gouvernement général, nous constatons que la population agricole européenne dénombrée à part de la population agricole indigène, comptait pour l'année 1896 198,975 individus, en rangeant parmi eux, non seulement les propriétaires et les fermiers ruraux, mais encore les divers salariés de l'agriculture.

Dans le groupe industriel et commerçant, la défalcation de l'élément musulman est moins facile à faire, parce que aucun autre document statistique différent de celui que nous avons cité au début ne nous permet de l'établir ; cependant, en portant à forfait cette défalcation à 50 0/0 du chiffre total, ce qui est considérable, puisque les industriels et les commerçants indigènes sont après tout assez rares, nous obtenons encore un chiffre de 247.217 personnes, supérieur de 48.242 unités, à celui des propriétaires et fermiers ruraux et des salariés agricoles.

Les commerçants et les industriels ont donc autant sinon plus de droits que quelques contribuables que ce soient de posséder une réprésentation distincte.

Partant de ces données numériques, il nous paraîtrait raisonnable de décider que les Délégations Financières, tout en demeurant comme par le passé composées de 48 membres européens, dont 16 par département — car en augmenter le nombre ce serait apporter une modification trop grave à l'économie générale des décrets du 23 août 1898 en réduisant la part proportionnelle du groupe indigène — auraient par département 6 délégués des contribuables colons, en comprenant sous ce vocable toutes les personnes adonnées à l'agriculture, propriétaires, fermiers ou salariés, et 6 délégués des contribuables commerçants et industriels.

Les 4 derniers délégués seraient attribués d'une façon indistincte aux contribuables des professions libérales et en général à tous les contribuables non compris dans les deux catégories précédentes.

Pour le moment, on pourrait s'en tenir là, et la division des contribuables en divers groupes n'aurait pas besoin d'être poussée plus avant.

Il y aurait lieu de voir seulement plus tard si, de même que le groupe des commerçants et des industriels a été dégagé du groupe des non colons, on ne pourrait dégager encore telle ou telle profession déterminée du troisième groupe, comprenant tous ceux qui ne sont pas inscrits dans les deux premiers.

Dans tous les cas, même aujourd'hui, en même temps qu'on améliorerait la composition des Délégations Financières, il y aurait nécessité à améliorer celle des collèges électoraux. C'est une bizarrerie choquante, bien de nature à diminuer l'autorité de certains élus et qui ne peut, par conséquent, être tolérée davantage, que les chiffres des électeurs des différents groupes à représenter soient si inégaux dans une même circonscription, et que, par exemple, dans la circonscription d'Alger-sud, le collège électoral des colons comprenne deux ou trois douzaines de voix alors que celui des non colons en comprend plusieurs milliers.

C'est là d'ailleurs un point de détail qui a été assez souvent mis en lumière pour qu'il nous paraisse nécessaire d'insister.

Mais voici un autre perfectionnement important à apporter à la composition des Délégations Financières.

Nous avons dit que les Délégations avaient pour base la représentation des intérêts, un tel principe ne saurait comporter toutefois comme corollaire que chaque catégorie d'intérêts que la loi convie à l'existence politique devra siéger en assemblée fermée et délibérer séparément; en France, on a bien songé aussi à substituer pour le recrutement des Chambres la représentation des intérêts à celle des personnes, mais il n'est pas venu pour cela à l'idée de qui que ce soit d'imaginer une infinité de chambres parallèles n'ayant pas, d'ordinaire, de communication entre elles.

Les différents groupes des Délégations Financières, bien que recrutés professionnellement, ont pour attributions des objets d'intérêt général et non pas des objets d'intérêt spécial, ce qui leur ferait faire double emploi avec les différents syndicats qui existent (agricoles et industriels), ils doivent donc, en principe, délibérer en commun.

Sans doute, dans quelques cas particuliers, un groupe peut délibérer séparément sur un point l'intéressant plus particulièrement comme si, par exemple, le groupe des colons était convoqué pour délibérer sur les mesures à prendre afin d'arrêter l'invasion du phylloxera, mais ces exemples sont assez rares, parce que, nous le répétons, les Délégations Financières, qui représentent l'Algérie, sont toujours obligées de se placer à un point de vue général lorsqu'elles examinent une question qui leur est soumise.

Quand il s'agira d'impôts, la délibération devra donc être forcément collective, parce que un impôt donné visât-il en apparence tel ou tel groupe particulier, n'en comporte pas moins des effets d'incidence et de répercussion qui rejaillissent sur la population tout entière.

Il ne suffirait même pas de le faire examiner par chaque groupe sous l'aspect qui l'intéresse personnellement, car on aboutirait ainsi à une œuvre disparate, absolument comme si l'on voulait obtenir une statue en commandant le nez à l'un, les oreilles à un autre et le reste du visage à un troisième individu. Pour que les diverses parties d'une œuvre soient fondues et ne présentent pas d'incohérence, d'antinomie ou de contradiction, elles doivent toujours émaner d'une même main ou du même cerveau.

En matière de budget, qui devient l'attribution essentielle des Délégations Financières, l'inconvénient serait très sensible de faire examiner le budget par les différents groupes représentés et de le soumettre ainsi à un nombre incalculable de lectures. Il n'y aura, on peut en être sûr, aucune idée d'ensemble, aucune unité dans une œuvre budgétaire ainsi composée de pièces et de morceaux.

Les grands propriétaires et les grands fermiers ruraux surtout, qui comprennent la presque totalité des membres des délégués colons, enclins à un certain égoïsme de classe servie par une robuste ténacité, exagéreront leurs prétentions. Se croyant assez forts, étant jusqu'ici les mieux outillés grâce au nombre toujours croissant de leurs Sociétés diverses, ils ne rêveront que d'un budget destiné à l'agriculture, et il est au moins superflu qu'on augmente encore leur tendance à se cantonner en un particularisme déjà excessif.

Au reste, d'une façon générale, dans une Commission du budget dont les membres seront nommés séparément par des délégations particulières, qui, faute de contradicteurs, s'entêteront chacune dans leurs conceptions, il est à craindre que les commissaires n'abordent leurs travaux, emprisonnés dans une sorte de mandat impératif, et que, ne pouvant s'entendre, ils s'opposent les uns aux autres au profit des commissaires indigènes restés les maitres de la situation, ou plutôt à celui de l'Administration qui les fera manœuvrer à sa guise.

On ne saurait dire, au surplus, que ce dernier résultat n'a pas été prévu ; mais s'il l'avait été, on ne saurait trop affirmer non plus qu'il dénote la plus déplorable des politiques. Rien ne serait plus funeste que de pratiquer en Algérie la maxime : Diviser pour régner.

Dans le domaine des affaires économiques, la Métropole n'a aucun avantage à régner, elle l'a reconnu elle-même en appelant les populations à partager avec elle les attributs de la souveraineté. Il ne faudrait pas que cet appel parût une duperie ; c'est déjà bien assez que la Métropole se soit réservé une part d'administration directe, qu'on le sait, nous jugeons excessive. Elle ne peut songer à l'agrandir encore au moyen d'artifices qui ne seraient dignes ni d'elle, ni de nous.

A ce jeu de bascule et de duplicité auquel elle se livrerait, elle corromprait vite les mœurs politiques, qu'elle a au contraire le devoir de purifier, et elle serait la première victime d'aussi louches combinaisons qui rendraient toute bonne administration impossible.

Nous serions donc, quant à nous, d'avis que dans la revision que l'on ne saurait se dispenser de faire de la composition des Délégations Financières, on en revienne aux données de la simplicité et de la sincérité, et que l'on décide, qu'en principe, puisque l'objet de leurs délibérations est général et indivisible, les Délégations Financières délibèrent en réunion plénière et, qu'exceptionnellement, sur la décision du Gouverneur, elles pourront délibérer en groupes séparés sur les sujets qui intéressent spécialement chacun de ces groupes.

Dans ce système et pour en faire application à la question budgétaire, le budget préparé par le Gouverneur général serait déposé sur le bureau des Délégations Financières assemblées en réunion plénière et qui prendraient le nom de Chambre ou Conseil des Délégués. Ce Conseil des Délégués nommerait immédiatement, au scrutin de liste, une Commission des Finances composée de onze membres, avec la seule obligation d'y faire entrer trois délégués indigènes, et c'est à cette Commission que tous les amendements devraient être préalablement envoyés avant de venir en discussion devant le Conseil des Délégués.

***

Mais ce ne sont pas seulement les Délégations Financières qui devront être l'objet de certains remaniements dont nous nous sommes contenté, pour ne pas rendre notre étude trop touffue, d'indiquer les plus essentiels, le Conseil Supérieur lui-même doit comporter certaines modifications, et il y aura, estimons-nous, quelque chose à faire de ce côté.

Nous rappelons que le Conseil Supérieur, en vertu des décrets organiques, est composé en partie d'un élément fonctionnaire et en partie d'un élément élu.

L'élément élu n'est pas le produit du suffrage universel, mais bien celui d'un suffrage restreint, d'une élection à deux degrés faite par les Membres des Conseils généraux et par les Membres des Délégations Financières.

Il n'y a guère à critiquer, surtout aujourd'hui, en ce qui concerne le principe d'une élection à deux degrés pour le recrutement des Membres élus du Conseil Supérieur. Du moment que l'Algérie possède une Assemblée issue du suffrage universel, il est rationnel que le Gouvernement recrute son Assemblée au moyen d'un autre suffrage.

Mais là où l'anomalie commence, c'est lorsqu'on voit figurer parmi les membres élus les délégués des Conseils généraux. Les Conseils généraux constituent des Assemblées secondaires correspondant à une fraction limitée du territoire algérien. En quoi leur origine les désigne-t-elle pour pénétrer dans une Assemblée qui correspond à l'Algérie tout entière ?

Leur présence se pouvait pourtant admettre comme une sorte de pis-aller avant la création des Délégations Financières. Comme il n'y avait pas d'Assemblée unique représentant la totalité du pays, les trois Assemblées secondaires algériennes pouvaient être envisagées comme une source tout indiquée du suffrage assez restreint auquel on voulait s'adresser. Mais cette présence a perdu sa complète raison d'être le jour où les Délégations Financières ont été créées, parce que, à cause de leur origine, ces Délégations ont pu, bien mieux que les Conseils généraux, prétendre faire pénétrer leurs membres dans le Conseil Supérieur qui comme elles, représentent l'Algérie.

Cette pénétration des Délégations au Conseil Supérieur était assez logique, puisque les deux Assemblées avaient les mêmes attributions.

Par cette pénétration on évitait, on amortissait, en tous cas, les conflits toujours imminents entre deux Assemblées pourvues de pouvoirs identiques. Il n'était pas douteux que la fraction des Délégations Financières qui entrait au Conseil Supérieur y apportait avec elle les idées et la tendance du corps dont elle était issue, et que, quand elle en sortait, elle rapportait également aux Délégations Financières les idées et les tendances de l'Assemblée aux travaux desquels elle avait été activement mêlée, et qu'il devait ainsi se former un courant d'idées communes, un échange perpétuel de vues destinées à consolider la bonne harmonie entre les deux Assemblées.

Mais aujourd'hui que l'on a divisé les attributions financières entre les Délégations et le Conseil Supérieur, que chacune d'elles poursuit un but différent, que chacune est pour ainsi dire maîtresse chez elle et que des conflits ne sont plus à prévoir, puisque les points de contact ont été supprimés, le mieux est que chaque Assemblée recrute ses membres par les moyens jugés les plus appropriés à lui assurer les capacités qui lui sont nécessaires.

Les Délégations Financières qui ont un rôle d'initiative à remplir ne peuvent pas être désignées pour jouer en même temps un rôle de pondération, ces deux rôles s'excluent. Elles apporteraient dans les discussions du Conseil Supérieur une pétulance qui se comprend encore quand il est question d'agir, mais qui détonne quand il s'agit de contrôler.

Et d'ailleurs comment leur demander de contribuer à se contrôler elle-mêmes ?

Leur exclusion est donc tout aussi bien indiquée que celle des Conseillers généraux.

Le Conseil Supérieur expurgé, soit d'un élément qui n'est plus à sa place, soit d'un élément qui n'y a jamais été, élément porté par les nécessités de son origine à négliger les intérêts généraux pour se livrer tout entier à la poursuite d'intérêts secondaires, a besoin de trouver un nouveau personnel dont les idées concordent mieux avec le caractère élevé et modéré tout à la fois que l'organisation budgétaire projetée lui reconnait.

Quel pourrait être ce nouveau personnel ?

Pour nous, dans une Assemblée qui, à l'instar de toutes les Chambres hautes, représente le gouvernement et non plus les populations, il n'y a pas à se préoccuper d'introduire des membres élus.

Il est plus franc et plus simple d'abandonner au représentant du gouvernement central, au Gouverneur lui-même, la nomination des membres destinés à remplacer les délégués des Conseils généraux et des Délégations Financières. Nous serions même d'avis qu'il y eût incompatibilité entre le mandat des délégués et celui des Conseillers Supérieurs.

Le Gouvernement pourrait par ses choix associer au maniement des affaires algériennes une foule d'individus, particulièrement recommandables : membres des Chambres de commerce, des Sociétés d'agriculture, des Sociétés savantes, possédant de saines notions économiques, mais qui ne se soucient pas, par tempérament, d'affronter les hasards d'un scrutin politique.

De tels choix, s'ils étaient bien dirigés, sans esprit de favoritisme, l'emporteraient de beaucoup, parce qu'ils auraient un champ d'actions plus étendu, même sur ceux des Conseils généraux et des Délégations Financières.

***

Voilà les Assemblées algériennes reconstituées à nouveau et mieux à même de fournir un travail utile.

Elles siégeront pendant un mois, ce qui est un délai suffisant pour qu'elles puissent exercer sans trop de hâte et en toute liberté d'esprit les nouvelles attributions qui leur sont dévolues. Nous supposons bien d'ailleurs que, s'il était nécessaire, le Gouvernement les convoquerait en session extraordinaire.

On ne pourra donc pas dire d'elles ce que l'on disait sous l'Empire en 1866 des Conseils généraux dont le Gouvernement venait d'augmenter les attributions. Ce n'est pas tout d'élargir le cercle d'action d'une Assemblée, mais il convient encore lui laisser le temps matériel de le parcourir.

Toutefois les Assemblées algériennes disparaîtront pendant onze mois de la scène administrative, pendant ces onze mois, aucune collaboration ne sera possible entre le Gouvernement et les représentants des populations.

Une telle séparation ne paraît guère possible si l'on songe que pour les Conseils généraux qui représentent des intérêts moindres et qui siègent deux fois par an, au mois d'avril pendant 15 jours et au mois d'octobre pendant un mois, il a cependant paru nécessaire de leur substituer pendant les intersessions une Commission recrutée permi leurs membres et qui les fit ainsi jouir du bénéfice de la permanence.

Une telle Commission ne pourrait à *fortiori* être refusée aux Assemblées algériennes, du moins aux Délégations Financières, car pour le Conseil Supérieur, sa composition et son rôle paraissent exclusifs d'une telle adjonction.

La Commission coloniale pourrait avoir en effet, en matière budgétaire, la seule dont nous ayons à nous occuper ici, des attributions analogues à celles que le législateur a données à la Commission départementale.

Elle se rendrait notamment compte de l'emploi et du mandatement régulier des sommes mises par les Assemblées algériennes à la disposition du Gouvernement général pour les services algériens.

Mais ce contrôle incessant des actes financiers du Gouvernement général ne saurait convenir à une Assemblée principalement recrutée parmi les fonctionnaires, et pas davantage à une émanation de cette Assemblée. A moins d'écarter systématiquement les fonctionnaires de la Commission nommée par le Conseil Supérieur et d'obliger ce dernier à porter ses choix sur une partie seulement de ses membres, ce qui ne semble pas admissible et ce qui, d'ailleurs, dans le système que nous proposons, ne remédierait pas aux inconvénients signalés, puisque les membres élus disparaîtraient pour faire place à des membres directement nommés par le Gouverneur, que l'on ne manquerait pas d'accuser d'être les hommes liges de ce personnage, on ne comprendrait pas que les membres de cette Commission, inférieurs hiérarchiquement au Gouverneur, s'érigeassent sérieusement en contrôleurs de leur supérieur administratif.

Le rôle du Conseil Supérieur est de former un contrepoids aux Délégations Financières et non pas au Gouvernement lui-même. Ce sont donc uniquement les Délégations Financières qui, selon nous, devraient procéder à la nomination d'une Commission coloniale.

Cette création que nous avions déjà proposée dans notre rapport de 1899, a été vivement critiquée par M. le Gouverneur général lui-même, en réunion plénière des Délégations Financières. Il s'est plaint avec quelque amertume de l'injustifiable méfiance qu'elles témoigneraient à l'endroit du représentant de la France.

Mais dans les affaires publiques, comme dans les affaires privées, les considérations de personnes, les scrupules de civilité et de délicatesse n'ont pas à intervenir, et pour savoir si une mesure de contrôle doit être accueillie ou repoussée, c'est bien assez que l'on se demande si elle est juste et conforme à l'intérêt général.

Or, cette justice et cette conformité ne peuvent un instant faire doute. On comprendrait mal qu'on refusât aux Délégations Financières qui auront à voter un budget ordinaire de 55 millions et à décider, avec l'autorisation du Parlement, jusqu'à un demi milliard d'emprunt, le droit de surveiller l'emploi de ces fonds considérables, alors qu'il est pleinement reconnu au profit du plus infime des Conseils généraux.

Ce droit leur est absolument nécessaire dans un pays qui a toujours passé pour la Patrie même des irrégularités financières.

Qui donc ignore à quels singuliers usages ont servi des crédits qui cent fois ont été détournés du but qui leur avait été assigné par le Parlement, et combien il a été facile de les en détourner sans éveiller l'attention des Chambres qui, insuffisamment renseignées, n'ont jamais pu suivre dans le détail la répartition des fonds qu'elles avaient votés.

CHAPITRE III

Le budget algérien au point de vue politique.

La création d'un budget algérien ne soulève pas que des questions d'ordre financier, elle en soulève aussi d'ordre politique. — Comment l'autonomie financière sera-t-elle pratiquée par la population européenne ? Sera-t-elle un bienfait concédé à tous, ou bien un instrument de tyrannie mis à la disposition de quelques-uns ? Opinion pessimiste du journal le *Temps* et du journal les *Débats*, sa réfutation. — L'autonomie financière ne risque-t-elle pas d'autre part, en ces temps de troubles, de devenir le prélude de l'indépendance politique ? Les libertés administratives feront l'apaisement en donnant avec une organisation, c'est-à-dire avec un programme et un personnel, la prééminence à l'Algérie laborieuse. — Du contrôle financier local et du contrôle législatif exercé par le Parlement sous forme d'homologation. — Insuffisance des contrôles par suite de l'impossibilité absolue où seront les Délégations Financières d'avoir une action même indirecte sur la marche des services rattachés. — Moyens de remédier à cette insuffisance: Suppression définitive des rattachements, institution d'un gouverneur-ministre aidé par un directeur des affaires civiles et indigènes, ayant rang de sous-gouverneur ; à défaut, rattachement de l'Algérie au Ministère des Colonies. — Résumé final.

Bien que la création d'un budget algérien soit incontestablement d'ordre administratif, — les dispositions du projet de loi que nous avons analysées le font assez entendre — cependant on a prétendu, non sans raison, qu'elle aura une répercussion au point de vue politique par la nature et la portée de certaines questions qu'elle soulève.

En effet, il n'y a pas que le côté financier à considérer dans cette matière ; le sujet est loin d'être vidé lorsqu'on a traité de la composition et du fonctionnement du budget algérien et que l'on a constaté que ce dernier est actuellement en équilibre.

Un budget, en lui-même, n'a pas de vertu particulière, c'est une bonne ou mauvaise chose suivant le parti que les populations auxquelles il est destiné en tirent. Ce peut être un instrument de progrès économique pour tous, ou bien un instrument d'oppression dont les forts se serviront contre les faibles et en Algérie, si l'on veut, dont les colons se serviront contre les indigènes. D'autre part, à admettre que l'on ait pu écarter le danger d'une oppression locale se manifestant par la voie budgétaire, la liberté financière que la Métropole donne à sa Colonie ne poussera-t-elle pas celle-ci, à cause des sentiments hostiles d'une partie de la population, à désirer l'indépendance politique ? Enfin, à supposer que le budget ne soit pas détourné de son but naturel, qui est d'être bienfaisant à tous les contribuables, et que l'indépendance financière ne risque pas de devenir la simple étape, promptement brûlée, de l'indépendance politique, des abus ne sont-ils pas à craindre dans le maniement d'un gros budget qui aura tendance à égaler un budget d'État, et ces abus ne seront-ils pas d'autant plus dangereux qu'avec le système de participation directe que la Métropole s'est réservé dans la Colonie, elle a engagé sa responsabilité ?

Comment, pour prévenir ces abus, toujours possibles, organisera-t-on le contrôle, soit sur place, des actes financiers du Gouverneur, soit à Paris, des actes financiers du Gouverneur et de ceux aussi des Conseils locaux ?

Toutes ces questions sont bien des questions d'ordre politique et débordent du cadre administratif et financier.

Examinons-donc le budget algérien au point de vue politique, ce qui fait l'objet de ce troisième et dernier chapitre.

***

Et d'abord, comment les populations européennes d'Algérie vont-elles comprendre et pratiquer l'autonomie financière qui leur sera échue ?

Les colons essaieront-ils d'opprimer les musulmans indigènes ?

Uue partie de l'opinion métropolitaine, dont le journal le *Temps* et le journal des *Débats* se sont faits maintes fois l'écho, craint que les colons, érigés en maîtres, soient tout à fait impropres à remplacer l'État dans la mission de tutelle à remplir vis à vis de ces grands enfants, qu'on appelle les indigènes, et que, dépourvus de générosité, ils ne sacrifient âprement à leurs convoitises les intérêts des musulmans en dirigeant sur eux la plus lourde part du fardeau impositaire, tout en attribuant à la satisfaction de leurs besoins la moindre part des ressources du budget.

Mais est-il donc vrai, et c'est là un point de comparaison qui dans cette controverse est intéressant à examiner, que si les colons exerçaient par leurs représentants au lieu et à là place de l'État la tutelle des indigènes, la condition de ces derniers en serait empirée ?

On se fait dans Métropole, en vérité, de singulières illusions sur l'excellence de la méthode politique que l'on a suivie à l'égard des populations musulmanes du Nord de l'Afrique. Cette méthode, il faut avoir le courage de le dire, a été jusqu'à présent tout à fait négative en bons résultats.

La France, mère imprudente autant que généreuse, jugeant des aspirations et des besoins des indigènes en les rapportant à ses propres aspirations et à ses propres besoins, en dehors de la sécurité qu'une grande nation, sous peine d'avouer son impuissance, doit faire régner sur les territoires soumis à sa domination, a bien donné à ces primitifs ce qu'on pourrait appeler le pain de l'esprit ; elle a développé leur instruction, elle a honoré leur culte, mais elle ne leur a pas donné le pain du corps. Pour eux, par une dérision cruelle, le superflu a précédé le nécessaire, et c'est une constatation mainte fois faite qu'en ne réduisant pas leurs impôts, en les augmentant plutôt par la stabilité du taux de conversion, alors que la matière imposable (les céréales) baissait de valeur ; en tout cas, en ne cherchant pas à les mieux répartir, ce qui eût été un soulagement pour les plus pauvres, en n'élevant pas la condition quasi servile du fellah, en hésitant perpétuellement sur le choix d'un bon régime foncier, elle les a laissés à tout prendre plus misérables pour la plupart qu'ils ne l'étaient au temps de la domination des Turcs !

La tutelle des colons n'aurait donc pas de grands efforts à tenter pour être meilleure que celle de la Métropole, et elle lui serait préférable même si elle ne s'inspirait que des sentiments *d'utilitarisme farouche* dont on leur fait grief avec tant d'ostentation. C'est au nom même de cet utilitarisme, moins néfaste, pour eux que ce sentimentalisme déplacé dont nous venons de résumer l'œuvre qu'au lieu d'orner en pure perte l'esprit de ces déshérités qui souvent l'hiver en sont réduits à se nourrir de racines, elle leur apprendrait à se servir habilement de leurs mains afin de tirer de meilleurs rendements du sol, et elle développerait leur bien-être matériel. Car aucun homme sérieux dans la colonie : colon, industriel, commerçant, professeur, avocat, administrateur ou juge, ne peut un instant penser que, dans l'œuvre commune de la production algérienne, l'élément européen puisse prospérer si l'élément indigène est en souffrance !

Cette tutelle aurait enfin sur l'autre cet avantage, qui n'est pas à dédaigner, de comporter en cas d'erreur ou d'abus possible, un redressement et un correctif par suite du contrôle que se réserverait certainement la Métropole, tandis que la tutelle écrasante de cette même Métropole, toute faite de dictature, ne comporte en cas d'erreur ou d'abus aucun redressement ni aucun correctif.

Mais, allons plus loin, acceptons pour vraie la thèse que nous venons de réfuter, supposons que les sentiments des élus des colons soient aussi mauvais qu'on s'ingénie à les dépeindre et que les européens, dupes de leur égoïsme, visent à accabler les indigènes.

Ce n'est pas avec les moyens bornés que leur offre l'autonomie budgétaire qu'ils pourraient dans tous les cas donner libre carrière à leurs détestables appétits.

On comprend assez, après les explications que nous avons données sur les attributions financières des Assemblées locales, que les Assemblées ne seront pas souveraines, bien loin de là.

Les mesures de précaution et les garanties abondent, destinées à limiter leurs attributions. Nous en avons donné la nomenclature dans le chapitre II, et il est inutile de les énumérer à nouveau.

Qu'il suffise de remarquer que les délégués européens ne pourront jamais se servir du budget pour tyranniser leurs collègues musulmans en exagérant leurs charges impositaires, tout en diminuant leurs prélèvements budgétaires, puisque d'une part, aucun impôt, même européen et *à fortiori*, aucun impôt arabe, ne pourra être établi ou modifié sans l'homologation du Président de la République en Conseil d'État, c'est-à-dire sans l'agrément de l'Administration Supérieure, et que, d'autre part, les dépenses des services indigènes étant rangées au nombre des dépenses obligatoires, devront être votées, telles qu'elles sont présentées, par le Gouvernement, sans subir de diminution du fait des Délégations Financières, ce qui revient à dire qu'elles seront fixées souverainement par le Gouverneur général et le Ministre de l'Intérieur qui, supérieur hiérarchique du Gouverneur, a le droit d'approuver ou de réformer ses actes.

Mais sans insister davantage sur ces garanties multiples, dont l'accumulation risque d'étouffer l'initiative coloniale, et qui, à ce titre, nous paraissent critiquables, nous devons relever qu'un examen simplement sommaire de la composition des Assemblées algériennes montre assez que, dans aucun cas, les colons ne pourront caresser l'espoir d'y opprimer les indigènes.

Il ne faut pas oublier, en effet, que ce n'est pas une

assemblée unique, que ce sont deux Assemblées qui seront appelées à voter sur place le budget de l'Algérie. Si les colons ont la majorité dans l'une d'elles, dans les Délégations Financières (bien que les Indigènes y constituent une importante minorité de 21 contre 48 leur permettant amplement de se faire respecter, puisqu'elle leur donne la puissance de déplacer la majorité), ces mêmes colons la perdent dans l'autre, dans le Conseil Supérieur, où les Indigènes réunis aux fonctionnaires constituent un groupe compact de 33 membres (soit 29 fonctionnaires et 4 indigènes) contre 27 membres colons seulement, soit que ces derniers continuent à demeurer les élus des Conseils généraux ou des Délégations Financières, soit que, comme nous le proposons, ils procèdent du choix du Gouverneur.

Comme les Assemblées algériennes ont des droits sinon égaux, du moins équivalents, en réalité les colons ne peuvent pas plus opprimer les Indigènes que les Indigènes opprimer les colons.

Les uns et les autres se partagent ce qu'on veut bien leur laisser de pouvoir, ce qui est conforme à l'équité, puisque les uns et les autres forment les deux grands groupes de la population algérienne, et ce qui est conforme à la logique financière, puisque les colons, composés de Français et d'Etrangers, qui sont en définitive des Français d'attente, acquittent la moitié des taxes publiques dont les Indigènes acquittent l'autre moitié.

***

Mais en admettant que les intérêts des indigènes ne puissent en aucun cas être sacrifiés à la convoitise de leurs adversaires supposés, l'autonomie financière ne recèle-t-elle pas un autre danger, la colonie ne serait-elle pas tentée de se servir de l'indépendance financière qu'on lui accorde comme d'un marchepied pour atteindre à l'indépendance politique ? Les manifestations toutes récentes qui ont éclaté dans les principaux centres ne sont-elles pas des indices suffisamment clairs des sentiments d'hostilité que les populations montrent en toute occasion contre le Gouvernement de la Métropole, et n'est-il pas préférable de rebrousser chemin, de ne pas accorder l'autonomie financière, de surseoir, en tous cas, à une réforme qui s'annonce sous de si fâcheux auspices ?

Il nous semble, quant à nous, qu'on exagère singulièrement le sens des manifestations relevées, et qu'on aurait le plus grand tort d'en prendre prétexte pour revenir sur les promesses solennellement faites à maintes reprises par le Gouvernement.

Nous ignorons d'abord, en vérité, sur quel fondement l'esprit le plus soupçonneux pourrait s'appuyer pour supposer et pour écrire que les Algériens songent déjà à l'indépendance politique, et que des idées de séparation hantent leur cerveau.

Il ne faudrait pas trop cependant justifier ce proverbe allemand, qu'à force de parler du diable, on le voit apparaître. A force de crier à un séparatisme qui n'existe guère, on arrivera peu à peu à en suggérer la pensée. Ce n'est pas très habile.

Les Algériens forment de plus en plus une race nouvelle. Nous croyons l'avoir surabondamment démontré, l'an passé, dans une étude que nous publiâmes alors sur la fusion des races européennes. Les habitants européens de ce pays, à peu près tous d'origine latine, possédant la même religion, tendent à se grouper pour constituer une variété à part, ayant son tempérament et sa mentalité particulière, mais ce ne parait devoir être qu'une variété de la grande famille française.

La fusion se fait au profit de l'élément national qui est comme le noyau solide où viennent converger et se fixer les atomes errants des populations étrangères.

Malgré ce mélange, le Français d'outre-mer ne différera guère plus du Français de France, qu'un Provençal ne diffère lui-même d'un Lorrain, et les uns et les autres, assis ensemble au foyer de la Patrie commune, ne songeront guère à revendiquer spontanément leur indépendance. Ce qui le montre bien, c'est qu'en toute circonstance un peu grave, on a vu le cœur des Algériens battre à l'unisson de ceux de leurs compatriotes. Ils ont partagé les mêmes joies comme ils ont éprouvé les mêmes douleurs. Ils sont donc bien unis.

Au reste, les Algériens fussent-ils des enfants ingrats au lieu d'être des fils affectionnés, que cette pensée les retiendrait, eux dont on s'est plu à reconnaître l'esprit essentiellement pratique, que l'Algérie est peut-être la seule colonie à peuplement européen qui, dans l'état actuel du monde, ne puisse aspirer à une indépendance absolue.

La proportion véritablement énorme de sa population indigène rapprochée de sa population européenne, puisqu'en 1896 elle comprenait 3,776,766 musulmans contre 573,499 Européens, dans lesquels étaient encore confondus 48,703 Israélites, soit 87 0/0 contre 13 0/0, lui interdit de se passer de protecteur.

Il lui faudra toujours un suzerain, une Métropole puissante qui assure la sécurité du territoire mieux qu'elle ne peut le faire avec ses propres ressourses, très limitées en hommes et en argent. N'est-ce pas faire injure au bon sens et au sentiment des Français d'Afrique qui, par leur nombre, par leur civilisation supérieure, par le prestige que leur donne la détention de l'autorité publique, possèdent sans conteste l'hégémonie dans le groupe européen, que de prêter à ces latins cette pensée impie autant qu'absurde, que pour Métropole ils préféreront une nation teutonne ou anglo-saxonne à la reine des nations latines !

Ce qu'il y a de vrai, c'est que dans les grandes villes de l'Algérie et surtout dans les villes du littoral, on rencontre, sans parler des résidus impurs des tribus indigènes, des hommes de désordre, venus des quatre coins de la Méditerranée, qui flottent dans nos parages comme l'écume des nations qu'ils ont quittées. Ces individus qui, la plupart ont oublié quelquefois, non sans motif, leur ancienne patrie sans s'être agrégés à une nouvelle, n'ont qu'une notion très atténuée des devoirs sociaux, ils n'acceptent comme joug, que celui de leurs intérêts et de leurs passions, disposés quant au reste, à secouer la domination de la France ou de toute nation civilisée, pour peu qu'elle soit décidée à mettre bon ordre à leurs débordements.

Cet élément cosmopolite et par conséquent anti-patriote par essence, n'est pas particulier à la Colonie ; on le rencontre dans les fanges des faubourgs de toutes les grandes villes européennes ; il abonde à Paris même, et quand il saccage ici les magasins israélites, on lui répond là-bas en pillant et en brûlant les églises.

Seulement ce qui rend cet élément de désordre plus dangereux peut-être à Alger que dans la Métropole, c'est qu'il est à la dévotion de quelques ambitieux à la recherche de succès faciles. Ils ont trouvé ces ambitieux dont la jeunesse explique, sans les justifier, les erreurs, dans la liberté de la presse et la liberté absolue de réunion, étendues si imprudemment à un pays en voie de formation qui avait surtout besoin de libertés économiques, les seules qui fussent à sa convenance immédiate, des facilités vraiment merveilleuses, qu'on leur a mises pour ainsi dire en mains, pour afficher un programme négatif de haine contre une classe déterminée de citoyens et constituer à leur guise les cadres d'une armée révolutionnaire.

Un tel programme a été d'autant plus facile à tracer, de tels cadres ont été d'autant plus aisés à recruter, que les juifs qui en font les frais, s'étaient en quelque sorte désignés par avance comme des victimes à l'hostilité commune, en refusant systémathiquement de participer au mouvement de fusion qui entraîne dans la Colonie les divers éléments de la population européenne, préférant demeurer ainsi des étrangers, en dépit du décret Crémieux, plutôt que de devenir les membres dévoués de leur nouvelle patrie française.

Une armée révolutionnaire ainsi organisée et recrutée, avec ses idées, sa langue et son drapeau, toute antisociale qu'elle soit par ses tendances exclusives à la destruction, représente cependant une force. Cette force a de suite attiré les masses mobiles, toujours disposées à écouter le bruit et à suivre le mouvement d'où qu'il vienne. A leur tour, ces masses se sont grossies de tous les mécontents, et Dieu sait s'ils sont nombreux, que le Gouvernement a procréés lui-même dans ces dernières années par l'imprudence et l'âpreté de sa politique.

Les impôts qui ont plu sur cette terre d'Afrique, encore si pauvre en revenus, les campagnes presque officielles de dénigrement systématique qui ont été activement poussées contre les produits algériens qui ne pouvaient s'échanger sur les marchés extérieurs à cause des rigueurs du régime commercial et que l'on tendait, par une voie insidieuse et hypocrite, d'écarter de ceux de la Métropole, les fonctionnaires *à poigne* qu'on a envoyés ici pour y mater les Algériens, tout a contribué à irriter et à aigrir l'esprit des populations.

La situation générale du pays a été faussée par l'effet de ces causes et de ces fautes diverses, elle a été complètement faussée et maintenant elle est tout entière à reprendre et à refaire.

Quand on la reprendra, il faut bien se tenir pour dit qu'on ne la restaurera pas par la violence et par la réaction.

Certainement, il y a beaucoup de réserves à formuler, nous l'avons laissé pressentir tout à l'heure, sur l'application à une jeune colonie qui manquait de traditions, des lois sur la presse et sur le droit de réunion.

Ces libertés, comme toutes les libertés qui n'ont pas de limites, sont ici brutales et grossières, parce qu'elles ne trouvent pas leur correctif nécessaire dans la modération et dans la continence qu'une vieille société, éclairée par l'expérience et désireuse de vivre en paix, sait s'imposer à elle-mâme, afin que la liberté ne dégénère pas en licence. Mais il n'y a guère à revenir là-dessus.

Chaque régime est obligé de gouverner conformément à son propre principe, c'est-à-dire conformément à la conception qui a présidé à son établissement et, qui en étant la justification, le différencie des autres régimes.

Or, le Gouvernement de la République ne comporte pas la contrainte, c'est un gouvernement d'opinion qui prend ses racines dans le droit purement humain, dans l'adhésion et le concours que la Société veut bien lui prêter.

Il doit, par dessus tout, compter avec l'opinion, même et surtout peut-être avec celle d'une colonie peuplée d'individus remuants et qui n'est séparée que par un bras de mer du territoire de la Métropole. Ces individus, si on touchait à leurs droits acquis, auraient vite fait de trouver un écho et des défenseurs de l'autre côté de la Méditerranée, et grâce à leur tempérament combatif, ils ne manqueraient pas de susciter mille embarras au Gouvernement.

Si l'Algérie aurait pu à la rigueur admettre qu'on ne lui donnât pas au début ses libertés politiques, après lesquelles ses vaillants colons, courbés sur le soc de leur charrue, n'avaient guère le temps de soupirer, elle serait humiliée et mécontente aujourd'hui de se les voir retirer, pour cause d'indignité en quelque sorte, après les avoir reçus.

Nous ne pensons pas que le Gouvernement de la République ait grand intérêt à soulever en ce moment des récriminations aussi ardentes.

Il ne peut pas s'agir davantage, il peut encore moins s'agir de refuser, à titre de peine, à la Colonie, les libertés financières qu'on lui a maintes fois solennellement promises. On les considérait, il y a deux ans, comme un puissant dérivatif au courant passionné des idées du jour, on espérait par ce moyen canaliser dans un lit régulier l'activité algérienne ; tant que ces libertés financières n'auront pas été concédées, tant que nous n'en aurons pas joui, qui donc oserait prétendre qu'elles n'ont pas pu remplir le but de préservation sociale qu'on leur avait assigné ?

Et puis refuser de les concéder, ou même simplement surseoir à leur octroi n'est pas chose si simple. Le câble est coupé, le navire est parti, on ne peut ainsi revenir en arrière, même pour un moment. Le régime ancien a été trop sévèrement jugé, trop solennellement condamné par la Métropole elle-même, pour qu'elle ait chance d'être approuvée si elle nous le présentait de nouveau.

Jamais on ne nous fera croire que cette masure que l'on déclarait en ruines devra encore nous servir de maison.

L'Algérie, en s'appuyant sur le sentiment unanime, aurait cent fois plus de motifs qu'autrefois de se refuser à admettre qu'on diminue perpétuellement ses crédits et que, parallèlement, on augmente sans cesse ses impôts, bien que ce soient là les conséquences forcées de l'assimilation budgétaire qui consiste dans ces temps d'économie à équilibrer les situations des colons et des métropolitains, en supprimant de soi-disant exemptions fiscales en faveur des premiers, et en leur imposant des réductions de dépenses qui portent aussi sur les seconds.

Il faudrait revenir probablement à la combinaison qu'en 1892 M. Burdeau laissait déjà entrevoir et qui ne s'éloignait pas tant au fond, qu'elle en avait l'air, de la combinaison Tirman ; il faudrait abandonner à l'Algérie la disposition de ses excédents de recettes, ou tout au moins les mettre à part et s'en servir pour gager directement un emprunt algérien. Mais dans l'un et l'autre cas, les finances locales ne se confondraient plus avec celles de l'État, ce ne serait plus l'assimilation budgétaire et toutes les objections formulées par M. le sénateur Boulanger contre cette végétation parasite des dépenses hors budget, reparaîtraient avec autant de force qu'autrefois. L'unité, c'est-à-dire l'ordre et la clarté, disparaîtraient du budget de l'État.

Peut-être pour éviter des critiques auxquelles il ne serait pas aisé de répondre, croirait-on trouver un moyen terme qui, tout en concédant un budget distinct à l'Algérie afin que l'unité du budget de l'État ne fût pas brisée, ne le laisserait cependant pas voter par les élus des populations. Il serait soumis à la délibération du Conseil Supérieur, après avis, si l'on veut, des Délégations Financières.

Mais cette solution qui consisterait à donner la séparation budgétaire, tout en refusant l'indépendance financière, amènerait, qu'on en soit bien sûr, les plus déplorables résultats.

Les fonctionnaires, maîtres du budget, seraient chez eux au Conseil Supérieur, narguant les avis platoniques des Délégations, à supposer qu'elles se résignassent à donner des conseils qui ne seraient pas obligatoires, appuyés sur le groupe indigène pour former une grosse majorité qui dominerait l'élément élu, délivrés de tout souci, ne redoutant guère la censure d'un Parlement trop éloigné et trop distrait pour s'occuper couramment des finances algériennes, et on le comprend, du reste, fort mal renseignés par eux, ils s'approprieraient sous forme de majoration de traitement une bonne part des recettes ; le Gouvernement détournerait de son côté volontiers les fonds de leur affectation, sans que personne ne s'en aperçoive, et les représentants algériens, enfin, pousseraient sans relâche à la multiplication des sinécures pour récompenser leurs gros électeurs,

Pour tout dire, les finances publiques seraient livrées au pillage.

Qu'on ne nous accuse pas de trop pousser le tableau au noir et de verser même dans la calomnie.

Individuellement, fonctionnaires, gouverneurs et représentants algériens au Parlement sont d'excellents citoyens et les plus honnêtes gens de la terre, mais l'omnipotence est mauvaise conseillère, elle altère la raison. Il n'est, a dit un casuiste, qu'un procédé bien sûr de ne pas succomber aux tentations, c'est de ne pas y être exposé.

C'est un fait à prévoir que sous un régime ou toute discussion libre aurait été supprimée, ou tout contrôle sérieux aurait disparu, les plus détestables excès seront à redouter, d'autant que ceux qui s'y livreront en arriveront bien vite, comme d'ordinaire, à se tromper eux-mêmes en confondant de bonne foi l'intérêt général avec leur intérêt particulier.

Les abus d'influence, les coups d'autorité que l'on a gravement reprochés dans ces dernières années à la représentation algérienne seraient péché véniel et simples peccadilles en comparaison des scandales auxquels il faut s'attendre le jour où nos représentants, ayant à leur dévotion le gouverneur qu'ils font nommer, les fonctionnaires qui n'avancent que selon leur bon plaisir, pourraient faire distribuer à leur guise, suivant leurs convenances et afin de consolider et d'éterniser leur mandat politique, à la barbe du Parlement, qu'on nous passe cette expression, les 55 millions du budget ordinaire, augmenté d'un demi-milliard de fonds d'emprunt !

Tous ces moyens divers, directs ou détournés, francs ou hypocrites, de violence et de réaction, doivent être complètement écartés, soit parce qu'ils causeraient plus de dommage au Gouvernement et à la France qui les emploierait, qu'aux populations contre lesquelles ils seraient dirigés, soit parce qu'ils iraient à l'encontre du but de pacification poursuivi et empirerait la situation au lieu de l'améliorer.

La voie à suivre est autrement droite et simple.

Ainsi que l'a fait justement observer l'honorable M. Barthou, dans le discours si sensé et si digne d'un homme d'État, qu'il prononçait l'an passé sur les affaires algériennes, il y a en réalité deux Algérie, l'Algérie tapageuse et bruyante, dirigée par des meneurs, entraînant à leur suite dans les villes, des groupes compacts de mécontents, et l'Algérie tranquille, laborieuse, l'Algérie des colons et des travailleurs. Il s'en faut que la seconde Algérie soit inférieure en nombre à la première. C'est sur cette seconde Algérie qu'il faut s'appuyer, il faut savoir l'opposer à la première. Ce ne sont pas les hommes qui lui manquent, c'est l'organisation, c'est-à-dire un programme et des cadres. Que l'on favorise cette organisation, qu'on réunisse dans une pensée commune de développement et de prospérité coloniale ses membres épars, la formule électorale sera bientôt trouvée et les cadres ne feront pas défaut. N'existent-t-il pas déjà dans le sein des Délégations Financières ?

Quand l'Algérie laborieuse sera ainsi organisée, elle aussi sera une force, elle attirera ces mécontents qui forment inconsciemment le gros de l'armée des cosmopolites, parce que ces mécontents ayant reçu satisfaction, n'hésiteront pas à se dévouer, comme ils ont un intérêt capital à le faire, à la prospérité de la Colonie, et l'on pourra, ce jour-là, supputer à quel chiffre dérisoire peut monter le seul contingent des révolutionnaires !

Rien n'est perdu encore, tout peut être retrouvé, mais c'est la liberté et la liberté seule qui nous sauvera.

***

L'autonomie administrative emportant la séparation budgétaire et l'indépendance financière sera donc accordée à l'Algérie. Le Gouvernement et les Chambres tiendront à honneur pour remédier d'une façon efficace à une situation qui se recommande à leur vigilante attention de réaliser les promesses qu'ils ont spontanément faites et qui n'ont, hélàs, rien perdu de leur opportunité.

Cette autonomie ne sera pas d'ailleurs absolue, nous le rappelons ; elle comportera une association entre la Colonie et la Métropole, une part d'administration directe, exagérée d'ailleurs à notre sens, étant réservée à la France, administration directe qui sera confiée au Gouverneur à Alger et au Président de la République, à Paris.

Mais ici, une question se pose :

A côté de l'action financière, qu'elle émane des autorités locales ou des autorités centrales, du Gouverneur, des

Délégations Financières ou du Conseil Supérieur, il faudra bien placer le contrôle.

L'un ne va pas sans l'autre, car c'est de leur combinaison que naissent l'ordre et l'harmonie dans lesquels se meuvent sans heurt les États civilisés.

Le Parlement, qui est le chef suprême de toute l'organisation administrative et politique de la France, colonies comprises, et dont l'œil constamment ouvert surveille la régularité de son fonctionnement, ne peut pas demeurer indifférent à la marche, au moins générale, des affaires algériennes.

Il faut qu'on l'assure, il faut qu'il soit absolument certain que cette marche sera tout à fait normale.

Dans le système de l'assimilation budgétaire qui avait prévalu jusqu'ici, sa sécurité, à ce sujet, était à peu près complète.

Les projets de crédit relatifs aux services algériens, suivant la filière accoutumée, étaient dressés par les divers Ministres, et dans certains cas sur la proposition du Gouverneur et remis au Ministre des Finances, les uns et les autres justiciables devant lui. Le Ministre des Finances les communiquait à la Commission du budget, qui avant de les soumettre à la discussion de la Chambre, se livrait sur eux à un examen détaillé, en tous points semblable à celui dont les crédits des services métropolitains étaient l'objet.

Les crédits, une fois votés, étaient laissés à la disposition des Ministres respectifs dont certains se substituaient le Gouverneur dans l'ordonnancement des dépenses, et il était justifié, suivant les formes ordinaires, devant le Parlement, de l'emploi des sommes qui leur avaient été confiées.

L'œuvre budgétaire, depuis sa naissance jusqu'à sa fin, se poursuivait donc sans trouble et sans à-coups.

Ce système est sur le point de disparaître, puisque les Chambres ne voteront plus le budget algérien et ne contrôleront plus son exécution. Mais on est en droit de se demander par quel autre procédé financier il va être remplacé ?

Sans doute, le vote du budget, le contrôle des dépenses seront transportés de Paris à Alger, mais un déplacement n'est pas une solution. Comment ce vote, comment ce contrôle vont-ils se produire ?

C'est ce qu'on n'aperçoit pas très clairement, au moins pour une partie du budget algérien.

Les services algériens, même encore aujourd'hui, sont rattachés, au moins théoriquement, aux Ministères de la Métropole, qui ont dans leurs attributions des services similaires, comme ils l'étaient devenus depuis 1881. Celà ne veut pas dire qu'ils fonctionnent à Paris, mais qu'ils dépendent hiérarchiquement des Ministères parisiens.

Toutefois, pour certains d'entre eux, leur chef est en fait, sinon en droit, le Gouverneur général. A la suite de délégations parfois considérables qu'il a reçues, il a été, en ce qui le concerne, complètement substitué aux Ministres compétents, qui conservent seulement le droit d'annuler ou de réformer ses actes. Pour tous ces services, un vote, qui doit nécessairement être précédé d'une discussion, si on veut donner au mot le sens d'une expression plus ou moins libre de la volonté, est possible, parce que les Conseils algériens auront devant eux à qui parler ; ils voteront donc bien effectivement le budget de la colonisation, celui de l'administration centrale, celui de l'assistance publique, etc., seulement, leurs prérogatives seront plus ou moins étendues, suivant qu'il s'agira de dépenses obligatoires ou de dépenses facultatives.

Une fois que le budget de ces divers services aura été voté, de même qu'il y aura eu un vote sérieux, de même il pourra y avoir un contrôle également sérieux.

On sait que les Conseils généraux exercent le leur, qui est un contrôle de fond et non plus un contrôle de forme, comme le règlement de budget, soit par l'intermédiaire de la Commission départementale qui tient la main à l'emploi

et au mandatement réguliers des sommes mises à la disposition du Préfet pour le service du département, soit par eux-mêmes, en examinant le compte administratif que le Préfet, après les dépenses faites, l'exercice étant écoulé, doit dès le début de la session déposer sur le bureau du Conseil.

C'est exactement de la même façon que les Délégations Financières exerceront leur contrôle, suivant la distinction indiquée ci-dessus, soit par la Commission coloniale s'il en existe une, soit par les Délégations elles-mêmes, en se basant sur le compte administratif de gestion que le projet de loi impose l'obligation au Gouverneur général de déposer sur leurs bureaux.

Le vote du budget de ces services, ainsi que celui des dépenses que l'on y effectuera, remplaceront ainsi d'une façon avantageuse l'ancien vote et l'ancien contrôle du Parlement.

Théoriquement ils seront aussi irréprochables. Pratiquement ils auront encore ce mérite d'être plus conscients, puisqu'ils émaneront non plus d'une autorité située trop loin pour connaître les besoins des services qu'elle dote et pour voir la façon dont il y est satisfait, mais d'une autorité locale qui sera beaucoup mieux renseignée à ce double sujet.

Mais pour d'autres services que l'on appelle plus volontiers services rattachés : la justice, les cultes, l'instruction publique, la douane, le Trésor et aussi le service des forêts, on ne saurait dire que le Gouverneur en est, en fait, le chef ; il n'a reçu à leur sujet aucune délégation, ou bien les délégations qu'il a en reçues, comme cela a lieu pour le service des forêts, sont tout à fait incomplètes.

Ces services rattachés qui font, qu'on nous passe l'expression, bande à part, ont en général sur place leurs représentants particuliers. Pour l'instruction publique, c'est le recteur ; pour la justice, le procureur général et le premier président.

Sans doute, pour ces services rattachés, comme pour les autres, c'est le Gouverneur qui en arrêtera les projets de crédits, c'est lui qui soumettra un budget intégral au vote des Délégations Financières et du Conseil Supérieur, mais le vote en sera purement nominal puisque aucune discussion ne sera possible, les dépenses en étant obligatoires, et que, d'autre part, les chefs de ces services ou leurs préposés, qui n'ont rien à voir avec le Gouverneur, auront encore moins à entrer en conversation avec les Conseils locaux !

Ajoutons que si le vote des crédits afférents à ces services sera purement nominal, le contrôle des dépenses n'existera même pas pour elles, fût-ce en apparence.

La Commission coloniale, si on la crée, ne pourra jamais veiller à l'emploi et au mandatement régulier des sommes mises à la disposition des représentants de ces ministres, puisqu'elle n'aura pas de contact avec eux, non plus que les Délégations Financières ne pourront prendre connaissance d'un compte administratif qu'ils n'auront jamais à lui soumettre.

Il y a, comme on le voit, une grosse lacune dans la nouvelle organisation financière de l'Algérie, puisque pour les services rattachés dont la dotation doit monter à plus de 15 millions, le vote et le contrôle réservés autrefois au Parlement, disparaissent purement et simplement, sans qu'en fin de compte on ait mis quelque chose à leur place.

On répliquera peut-être que nous sommes le jouet de nos illusions et que la difficulté signalée par nous n'existe pas, puisqu'au moins, par voie indirecte, le Gouverneur et les Conseils pourront communiquer avec les chefs des services rattachés et par conséquent discuter les propositions de ces ministères et émettre un véritable vote.

Nous entendons qu'on veut par là nous dire que le Gouverneur pourra s'adresser indistinctement à tous les Ministres, par l'intermédiaire du Ministre de l'Intérieur, son supérieur hiérarchique, soit pour leur présenter les propositions budgétaires les concernant, afin d'en débattre le montant avec eux, soit pour leur faire parvenir, au moins sous la forme officieuse d'un avis, l'opinion des Délégations Financières qu'il se sera appropriées sur la marche de leurs services.

Mais n'est-ce pas déplacer la question au lieu de la résoudre ?

Dans quels textes de lois ou de décrets trouve-t-on les prescriptions que l'on invoque ? Si on les édicte expressément pour la circonstance, ce qui ne sera jamais bien facile à faire, car les divergences d'appréciation éclateront, quand on voudra préciser, quelle sera leur sanction ?

Nous ne voyons pas, quant à nous, ce qui pourrait bien empêcher, nous le répétons ici, après l'avoir déjà dit en traitant des dépenses obligatoires, les ministres des services rattachés de dicter leurs volontés en substituant leurs propositions à celles présentées par le Gouverneur et sans tenir aucunement compte des avis platoniques des Délégations Financières.

C'est bien peu connaître l'indépendance jalouse qu'entend conserver chaque administration que de supposer que, sans qu'il y soit contraint, le Ministre de la Justice, par exemple, se rendra aux observations du Ministre de l'Intérieur qui, après tout, n'est que son égal. Le Ministre de l'Intérieur ne cédera-t-il pas le premier, pour peu qu'on lui résiste, en abandonnant des propositions qui ne lui sont point personnelles ? Il ne saurait avoir ce désintéressement bien extraordinaire, de risquer un conflit qui entraînerait peut-être la chute du Cabinet tout entier, uniquement pour être agréable au Gouverneur, et pour faire triompher ses désirs !

D'ailleurs s'il acceptait de soulever un conflit, serait-il bien sûr de toujours le pouvoir résoudre à son avantage ? On nous dit bien que c'est le Conseil des Ministres qui le trancherait, mais comment le trancherait-il si, pour reprendre notre exemple de tout à l'heure, c'était le Ministre de la Justice lui-même qui fut Président du Conseil ?

Au surplus, si au point de vue du vote, une certaine amélioration pouvait être obtenue par voie officieuse, et elle ne paraît guère possible, dans les rapports des Conseils locaux et de l'administration des services rattachés, elle demeurerait apparemment sans application au point de vue du contrôle dont l'action est incessante. Le Ministre de l'Intérieur ne pourrait consacrer son temps et sa peine à devenir, pendant l'exécution du budget, l'interprète et le truchement ordinaire entre les ministres de France et les autorités algériennes. Ni pendant l'exécution du budget, ni après, la Commission coloniale et les Délégations Financières ne pourraient suivre la gestion financière des chefs des services rattachés et, par ce côté essentiel, l'organisation budgétaire algérienne continuerait à souffrir d'un vice très grave.

On dira peut-être que le Parlement, grâce à son droit d'homologation, pourra évoquer et examiner souverainement, en y introduisant les corrections nécessaires, toutes les parties du budget algérien.

Mais celui qui homologue, contrôle et n'agit pas ; le droit d'homologation ne peut pas se substituer au droit de vote, il s'y ajoute et le complète ; d'autre part, le droit de contrôle résultant de l'homologation ne peut pas remplacer le contrôle incessant, détaillé et minutieux des assemblées locales.

On peut le comparer à un vaste filet qui, une fois le budget voté par les autorités locales et par elles seules, arrête au passage les gros abus, d'où qu'ils viennent, et rien qu'eux, de l'Administration ou des élus, qu'il pourrait renfermer.

Il est vrai que l'on pourrait décider, que le Parlement votera le budget des services rattachés, et en suivra l'exécution suivant les anciens errements, mais si le Parlement prenait pour cette partie la place des Délégations Financières et du Conseil Supérieur, le budget cesserait d'être intégral. On en reviendrait au système des Sénatus-Consulte de 1854 et 1866 qui laissaient voter par la Métropole les dépenses de souveraineté qui correspondent précisément aux dépenses des services rattachés, dépenses essentiellement d'intérêt général, et l'on dervait admettre comme conséquence ultime de ce système que ce ne seront plus les contribuables algériens, mais bien les contribuables français qui devraient les payer.

Ainsi nous sommes acculés à une impasse : ou bien le Parlement votera les dépenses des services rattachés, et les contrôlera, et ce sera la fin du budget intégral, ou bien il ne les votera pas et ne les contrôlera pas, et comme les Conseils locaux ne les voteront pas et ne les contrôleront pas davantage, et que l'homologation, s'appuyant sur le vide n'aura plus d'efficacité et deviendra un vain simulacre, nous assisterons à ce singulier spectacle que, sous un régime libéral et parlementaire pour la généralité du pays, un coin de terre se trouvera encore sur cette terre d'Afrique, l'ancienne demeure des pachas, où des fonctionnaires arrêteront eux-mêmes les propositions des crédits afférents à leurs services, selon leur agrément personnel et en effectueront à leur gré la dépense, les représentants des populations algériennes se contentant de les acquitter.

Avions-nous tort de prétendre qu'avec de pareils errements financiers, on ne serait jamais sûr de pouvoir arrêter le flot montant des dépenses, et qu'en dépit de toute la vigilance que pourraient déployer et de toute la modération dont pourraient faire preuve les Assemblées algériennes, le budget de la Colonie aurait toujours une blessure ouverte à son flanc et serait constamment menacé d'un déficit.

Il est assez piquant de constater que cette grosse question du contrôle que nous venons de signaler dans les pages ci-dessus a été fort mal envisagée par les écrivains officiels qui, dans ces derniers temps, ont rédigé des rapports sur l'autonomie financière ; se plaçant à un point de vue inexact et faux, ils ont volontiers pris les choses à rebours et se sont plutôt ingéniés à effacer toute trace de contrôle, alors qu'en fidèles mandataires du peuple métropolitain, ils auraient dû, au contraire, s'efforcer d'étendre son champ d'application.

Tel M. Lemoigne qui, dans son dernier rapport sur le budget de l'Algérie pour l'exercice 1900, exprime, on le sait, le souhait étrange d'appliquer non seulement aux dépenses des services rattachés, mais encore à toutes les dépenses obligatoires, le système anglais du fonds consolidé.

Selon lui, les Délégations Financières et le Conseil Supérieur ne devraient pas avoir à les voter ou à les contrôler. Mais si les Délégations Financières et le Conseil Supérieur ne les votent et ne les contrôlent pas, comment le Parlement, qui ne les votera pas davantage et ne les contrôlera pas non plus, aura-t-il la moindre idée de ce qui se passe dans la plus importante de ses colonies ?

Il est à peine croyable que la crainte des conflits qui peuvent s'élever entre la Colonie et la Métropole, au sujet des dépenses qu'on nous pourra imposer, ferme systématiquement les yeux d'un observateur généralement sagace sur le danger autrement redoutable qu'il y aurait à instituer en pleine République libérale, une sorte d'enclave autocratique au profit de certains fonctionnaires privilégiés.

***

Pourtant il y aurait une solution bien simple à appliquer, qui ferait disparaître toutes les anomalies, elle consisterait, ce que le bon sens et la logique indiquent, à mettre les pouvoirs adminstratifs du Gouverneur en harmonie avec ses nouveaux pouvoirs financiers.

Puisque le Gouverneur dresse le budget intégral de toute l'Algérie administrative, pourquoi ne serait-il pas le chef unique de tous les services algériens ? La vieille division en services rattachés et services non rattachés devrait disparaître ; c'est un vocable usé, qui ne correspond plus à aucune idée logique.

Si l'on ne connaissait pas l'incroyable ténacité des bureaux parisiens et l'énergie de cet instinct de conservation qui les pousse à garder par devers eux la direction des services algériens, afin de justifier leur propre existence, si on ne savait pas que sans ces services algériens, la plupart des petits ministères perdraient complètement leur raison d'être, est-ce qu'un pareil système, qui coupe en deux, au détriment des populations locales et au détriment de la Métropole dirigeante, l'administration des affaires algériennes aurait duré si longtemps, depuis 15 ans qu'on le combat, sans qu'on en ait jamais vu donner l'ombre d'une justification ?

Quand les rattachements furent décidés en 1848 et en 1881, ils correspondaient à une théorie très en faveur à l'époque et qui, depuis, est décriée.

Entraîné par les idées d'assimilation qui prévalaient pour faire pièce au régime militaire, et que la République de 1848, désireuse de donner satisfaction aux populations, entendait réaliser, on commença par faire entrer dans le droit commun les services les moins éloignés de ceux que l'on avait en France. On comptait bien y ajouter graduellement les autres ou bien les supprimer. On s'imaginait alors, avec une simplicité qui fait sourire, que les Indigènes seraient peu à peu élevés au rang de citoyens français. Warnier parlait encore, sous l'Empire, de considérer comme nationaux tous les individus, qu'elle que fut d'ailleurs leur origine, musulmane ou chrétienne, nés sur le territoire algérien, il pensait, et bien d'autres avec lui, qu'à bref délai les bureaux arabes pourraient être supprimés, qu'une administration particulière des Indigènes ne serait plus nécessaire, que l'Algérie aurait trois départements, bientôt six, huit, et davantage, exactement copiés sur le modèle de ceux de la Métropole.

En 1881, on était, il est vrai, un peu revenu de ces rêveries enfantines, mais les bureaux de la Métropole, qui restent, alors que les députés passent, continuèrent à rattacher quand même, à rattacher plus que jamais, afin de consolider et de fortifier leur situation.

La conception de 1848 a disparu, elle a été remplacée par cette conception autrement scientifique qu'il ne fallait pas faire violence aux faits, et qu'il était nécessaire, en toute chose, de donner à l'Algérie des lois et des institutions spéciales appropriées aux besoins variés et différents des populations qui la composent.

Comment les rattachements, qui sont la négation de cette théorie, pourraient-ils continuer à subsister ? La volonté du Parlement doit-elle se courber devant celle des bureaux, et la condamnation solennelle, qu'en 1896, la Chambre prononça contre un pareil régime, doit-elle rester lettre morte ? Leparti-pris administratif triomphera-t-il toujours de l'initiative parlementaire ?

***

La vraie solution, la solution simple et logique est de mettre, nous le répétons, les pouvoirs administratifs du Gouverneur à la hauteur de ses nouveaux pouvoirs financiers ; la nouvelle organisation financière cherche à apporter l'unité dans les finances algériennes, il est contradictoire que la dualité administrative l'empêche d'atteindre son but.

Si l'on veut être logique, de même que l'on a centralisé les finances à Alger, de même, on devra y centraliser l'Administration, élever le Gouverneur au rang d'un ministre, afin qu'il soit placé à la tête d'un département homogène, dont aucune partie, budgétairement et administrativement parlant, ne puisse lui échapper.

C'est dans ces conditions seulement qu'un contrôle effectif, prélude du contrôle supérieur qui s'exercera à Paris, pourra être exercé sur place par les Assemblées locales avec sincérité et dignité, puisqu'elles auront devant elles, pour leur donner avant, pendant et après l'exécution du budget les renseignements nécessaires à l'accomplissement de leur mission et pour tenir compte au moins officieusement pour les dépenses obligatoires, de leurs indications, le chef de tous les services algériens.

On oppose à cette solution, qui, on en conviendra, supprime toutes les équivoques, d'abord qu'elle serait un peu longue à réaliser, puisqu'il s'agirait d'une réforme constitutionnelle, ensuite qu'elle serait dangereuse, parce que ce serait exposer le Gouverneur, qui a besoin de stabilité pour diriger un pays si long et difficile à connaître que l'Algérie, à tous les risques parlementaires, et qu'à ce compte, on s'exposerait à avoir deux ou trois gouverneurs par an.

Mais on doit répondre à ceux qui formulent la première objection, que la création d'un Ministère n'est une œuvre ni longue ni compliquée, qu'elle n'est pas de la compétence des Congrès qui se réunissent à Versailles, mais de celle de l'exécutif qui, par simple décret, Gambetta l'a bien prouvé lors de la création de son grand ministère, peut distribuer les services comme il lui convient au mieux des intérêts de l'État.

A ceux qui opposent la seconde objection, on pourrait à la rigueur répliquer qu'avoir deux ou trois gouverneurs dans un an, ce qui ne se réalise guère en pratique, serait une calamité moins grande que de n'en avoir aucun comme il est advenu depuis l'avénement de la République. Désavoués souvent par leur ministre, ignorés des Chambres dans lesquelles ils ne sont que des étrangers, tenus à l'écart d'une politique qu'ils sont censés diriger, nos gouverneurs, simples mandataires de la représentation algérienne, ne sont plus que des ombres très pâles ne rappelant en rien les grandes figures, quels que soient leurs mérites individuels, et ils sont parfois très réels, des Pélissier et des Mac-Mahon.

Mais il est préférable de répondre à l'objection considérée en soi et de montrer qu'elle n'est pas insurmontable.

La création d'un gouverneur-ministre, comporterait certains remaniements dans la haute Administration. Le travail effectif se produisant à Alger et non plus à Paris, un simple secrétariat ne pourrait plus convenir, il faudrait une direction générale des affaires algériennes comprenant les affaires civiles et les affaires indigènes, ayant à sa tête un fonctionnaire avec rang de sous-gouverneur; d'ailleurs on n'imagine guère, avec nos mœurs de l'époque qui transforment le Parlement en souverain, qu'un ministre qui serait assurément un personnage politique, consentît à vivre longtemps en dehors de l'atmosphère des Chambres; il lui faudrait donc sur place un suppléant.

Mais de même qu'aujourd'hui, l'instabilité d'un personnage politique comme le Ministre de l'Intérieur, ce supérieur hiérarchique du Gouverneur, n'empêche pas la stabilité du Gouverneur; l'instabilité du Gouverneur, devenu personnage politique, ne mettrait pas obstacle à la stabilité du sous-gouverneur qui demeurerait un personnage administratif.

Gouverneur et sous-gouverneur se compléteraient; avec l'un, nous aurions la concentration des pouvoirs, et avec l'autre, la continuité des traditions administratives.

Au surplus, si cette conception paraît trop hardie, il est toujours possible d'atteindre par un autre moyen le but de concentration que l'on doit se proposer.

Il suffirait pour cela de rattacher l'Algérie aux colonies avec sous-secrétariat administratif pour l'Algérie. Le Ministre des Colonies serait dans les limites reconnues pour les autres colonies, Ministre de la Justice, des Cultes, de l'Instruction publique de l'Algérie, comme il l'est de toutes les autres possessions françaises.

Une semblable thèse peut, à la rigueur, se soutenir à un moment où l'Algérie ayant tendance à s'allonger de plus en plus du côté du Sud et à se souder avec le Sénégal, a des intérêts qui se trouvent de plus en plus mêlés à ceux de toutes les autres colonies du Nord-Ouest africain.

Les deux solutions que nous venons d'indiquer sont les

seules qui paraissent actuellement possibles pour harmoniser les différentes parties de l'organisation algérienne, mais on peut se demander quelle est la meilleure ?

A la vérité, en regard de l'Algérie toutes les deux sont bonnes, puisque l'une et l'autre auraient pour résultat, réalisant un grand progrès sur l'ordre de choses actuelles, de supprimer cet éparpillement de pouvoirs dus aux décrets de rattachement de 1848, comme de 1881, qui énervent l'action directrice du Gouvernement, action qui doit être constante dans un pays jeune, dont les besoins sont si grands et dans lequel, pas plus qu'ailleurs, on ne peut compter sur l'initiative individuelle en matière d'intérêts généraux.

Mais la Métropole et le Parlement seraient moins bien partagés dans la deuxième hypothèse que dans la première, et c'est pour cela que la première a toutes nos préférences.

Avec le rattachement de l'Algérie aux colonies, les Chambres, au lieu d'avoir devant elles un personnage unique, possédant le pouvoir et supportant la responsabilité, ce qui est la condition d'un bon contrôle politique, auraient en réalité affaire à deux personnages, dont l'un, le Gouverneur, posséderait en fait le pouvoir, et l'autre, les Ministres, supportant la responsabilité. Le contrôle parlementaire deviendrait hésitant entre le Ministre et son sosie et manquerait nécessairement de sanction, faute qu'on sût bien à qui l'appliquer.

***

Nous en avons fini avec l'étude du budget algérien, et bien que le travail auquel nous nous sommes livré ait été parfois un peu aride, nous espérons qu'à cause de l'importance du sujet, il n'aura pas semblé dépourvu d'intérêt et d'opportunité.

Nous en avons successivement parcouru les diverses parties, nous avons montré son développement historique, nous avons indiqué la forme actuelle que, d'après les indications même des Délégations Financières, le Gouvernement était disposé à lui donner ; nous avons analysé sa composition et enfin décrit son fonctionnement tel qu'il résulte du projet de loi qui a été officieusement communiqué à la presse locale.

Ce fonctionnement est loin d'être parfait, et les débuts de l'autonomie financière n'iront pas tout seuls, ils présenteront, au contraire, des difficultés particulièrement graves. Cependant, tout n'est pas à critiquer, nous l'avons déjà dit au chapitre II, dans l'œuvre du législateur, et si l'on veut être impartial, il faut bien reconnaître que la part de l'éloge l'emporte sur celle du blâme.

En distribuant les attributions financières entre les Délégations et le Conseil Supérieur, suivant les aptitudes dérivant de la diversité d'origine de l'une et de l'autre Assemblée, en introduisant ainsi la division du travail et la spécialisation des fonctions qui ont permis à l'industrie de réaliser de si grands et de si nombreux progrès dans le domaine de l'organisation administrative et financière, en laissant, en définitive, à chacun le soin de faire ce qu'il sait le mieux, le législateur a réalisé une innovation hardie qui tranche vigoureusement sur la banalité des conceptions couramment admises dans la Métropole, depuis le commencement du siècle.

Dans l'hypothèse où l'essai réussirait pleinement, ce qui ne peut faire doute, quelque congrès en voie d'innovation communiquera peut-être un jour à la France le bénéfice de ces dispositions originales, et ce n'est pas la première fois que l'Algérie aura servi de champ d'expérience à la Mère-Patrie.

On doit reconnaître que si l'œuvre du législateur pèche par certains côtés, c'est surtout par les détails. Les défauts qu'elle recèle ne sont donc pas essentiels. Après avoir posé le principe de l'autonomie financière et l'avoir solidement placé sur une base excellente, on s'est arrêté dans le droit chemin, on n'a pas su ou on n'a pas voulu poursuivre l'application pratique de ce principe.

Le législateur n'a brisé qu'à moitié les liens compacts de

tutelle qui retenaient jusqu'à présent l'essor de la Colonie, il n'a pas osé donner a la personne morale qu'il créait la complète liberté de ses mouvements.

Qu'il s'agisse de dépenses, qu'il s'agisse de recettes, au fond c'est au représentant de la Métropole qu'il maintient, comme par le passé, le droit d'en décider souverainement, et dès qu'il est question d'une initiative à prendre, les délibérations des Délégations se rapprochent trop de simples avis.

Nous pensons qu'une expérience, qui ne peut se faire hélas qu'aux dépens de la Métropole, lui démontrera qu'il a eu tort de ne pas faire une confiance plus grande aux élus de la population. Dans le système d'une vraie autonomie financière, c'est aux représentants des populations à agir, la Métropole ne se réservant que de contrôler leurs actes, afin qu'ils ne sortent pas, au risque de troubler l'ordre public, de la sphère d'attributions qui a été tracée.

On va même plus loin en Angleterre, en matière de libertés coloniales.

Le contrôle s'atténue, il devient pour ainsi dire nominal, et en même temps que la liberté, on laisse tout entière aux Colonies la responsabilité de leurs actes. Mais comme on sait, nous n'en demandons pas tant.

La France se lassera bientôt d'accumuler de soi-disant garanties auxquelles le Sénat de l'Empire ne croyait déjà plus en 1869, parce qu'elles sont illusoires et déplacent seulement les responsabilités, ce qui généralement coûte fort cher ; elle ne voudra pas s'exposer à combler des déficits qu'elle aura contribué à créer, notamment en immobilisant un gros contingent des recettes au profit de fonctionnaires que les conséquences imprévues d'une organisation mal étudiée transforment en maîtres souverains d'une partie du budget.

La Métropole se décidera un jour, d'après les saines données de la logique et de la justice, à établir la solidarité et l'homogénéité dans toutes les parties, soit administratives, soit financières, de l'organisation algérienne, en délimitant le domaine de chacune et en réduisant le sien.

Le législateur sera donc amené à réviser son œuvre et à nous en donner plus tôt qu'on ne serait tenté de le croire, une seconde édition, ce qui, après tout, sera relativement facile, car l'œuvre dont les fondements sont bons, n'a besoin que de quelques retouches et de certains compléments dont nous avons indiqué les principaux, destinés non pas à en altérer l'économie générale, mais bien plutôt à l'améliorer.

Si cependant ces retouches et ces compléments se faisaient quelque peu attendre, il ne faudrait en éprouver ni irritation, ni inquiétude.

Dans le pacte de famille que l'on nous propose et dont nous demandons instamment que l'on révise certaines clauses, nous avons incontestablement le droit, étant ses enfants, d'être traités avec bienveillance par la Métropole ; mais nous avons également le devoir de témoigner à la Métropole, qui est notre mère, toute la déférence et tout le respect qui lui sont dus.

Ne lui chicanons point le temps de la réflexion. Elle s'engage dans une voie nouvelle, elle déserte des traditions séculaires, qu'on a bien essayé de secouer en 1869, mais sans y réussir, quoi d'étonnant à ce qu'elle hésite et tâtonne en faisant ses premiers pas.

Au reste, il ne tient qu'à nous de hâter l'avènement de l'émancipation définitive, et l'on peut être certain que cette émancipation ne rencontrera pas d'obstacles, le jour où nous prouverons à la Mère-Patrie, par des actes et non par des paroles, par le sage et fécond parti que nous saurons tirer des libertés restreintes qui nous sont concédées et non par des discours de rhéteur, que nous sommes dignes d'en jouir. Les peuples ont toujours les institutions qu'ils méritent.

TABLE DES MATIÈRES

CHAPITRE PREMIER

HISTORIQUE DU BUDGET ALGÉRIEN

CHAPITRE II

LE BUDGET ALGÉRIEN AU POINT DE VUE FINANCIER

Alger. — Imprimerie Orientale P. Fontana et Cie, rue d'Orléans, 29. — 6-1900

www.ingramcontent.com/pod-product-compliance
Ingram Content Group UK Ltd.
Pitfield, Milton Keynes, MK11 3LW, UK
UKHW020922180726
13838UKWH00002B/706

9 782019 934217